本书受天津市哲学社会科学规划项目
《社会主要矛盾转化视域下天津全运文化遗产供给侧改革研究 》
（项目编号：TJTYQN18——002）资助出版

U0456014

体育公共文化服务供给侧改革研究

——基于天津全运会的实证分析

贾洪祥　著

天津社会科学院出版社

图书在版编目（CIP）数据

体育公共文化服务供给侧改革研究：基于天津全运会的实证分析 / 贾洪祥著. --天津：天津社会科学院出版社，2020.12
ISBN 978-7-5563-0704-3

Ⅰ.①体… Ⅱ.①贾… Ⅲ.①群众体育-公共服务-体制改革-研究-中国 Ⅳ.①G812.4

中国版本图书馆 CIP 数据核字(2020)第 254006 号

体育公共文化服务供给侧改革研究：基于天津全运会的
实证分析
TIYU GONGGONG WENHUA FUWU GONGJICE GAIGE YANJIU:
JIYU TIANJIN QUANYUNHUI DE SHIZHENG FENXI

出版发行：天津社会科学院出版社
地　　址：天津市南开区迎水道 7 号
邮　　编：300191
电话/传真：(022)23360165(总编室)
　　　　　(022)23075303(发行科)
网　　址：www.tass-tj.org.cn
印　　刷：天津午阳印刷股份有限公司

开　　本：787×1092 毫米　　1/16
印　　张：8.5
字　　数：181 千字
版　　次：2020 年 12 月第 1 版　2020 年 12 月第 1 次印刷
定　　价：68.00 元

前　　言

　　党的十九大报告指出，中国特色社会主义进入了新时代，我国的社会主义发展进入了新的历史阶段，对社会事业发展的各个领域提出了新任务、新要求。在此背景下，各领域应积极贯彻新发展理念，以供给侧改革为实践抓手，深化改革，谋求发展。伴随"健康中国2030""体育强国"等战略的持续推进，体育事业的发展迎来了重要历史机遇。同时，这也给体育改革的全面深化提出了新的挑战。新时代有新任务，新任务下当有新作为，新作为前应善于发现新问题，凝练新思路，而新发展理念指导下的供给侧改革为体育事业发展指明了方向。本书结合前期关于天津第十三届全运会的相关研究基础，依托2018年度天津市哲学社会科学研究项目"社会主要矛盾转化视域下天津全运文化遗产供给侧改革研究"（项目编号TJTYQN18——002），以体育公共文化服务供给侧改革为立足点，结合天津全运会的实证分析，对该领域涉及的体育公共文化服务现状、供需特征、影响要素、体系构建、要素内涵及概念关系等进行了全面深层的理论阐释，并对新时代体育公共文化服务供给侧改革策略提出了科学的理论参考与实证参考。全书以习近平新时代中国特色社会主义思想为指导，以马克思主义哲学关于社会发展、经济领域问题的理论为依托，运用体育学、社会学、经济学等学科知识，以时间为轴，体育公共文化领域的供需关系演变为导向，依照从理论阐释到实证分析，再到提出相应对策的撰写思路，运用通俗易懂的语言表达，指出了以公共文化产品为主要服务形式的公共文化领域新变化，并以此对当前体育公共文化服务事业改革面临的形势、存在问题进行了深入分析。在此逻辑和理论指导下，以天津全运会为实证基础所形成的理论观点与策略对于丰富体育公共文化服务理论研究，促进体育公共服务领域治理体系和治理能力现代化有较好的参考意义。

　　本书的出版受益于2018年度天津市哲学社会科学研究项目的支持，故在撰写过程中，众课题组成员各尽所长，对最终研究成果的取得和书稿的完成做出了重大贡献。在此特别感谢课题组成员天津商业大学体育部张剑烨和刘胤宸,天津理工大学中环信息学院潘荣振,天津职业技术师范大学丁连泊等几位老师在课题研究与书稿撰写、校对等方面的工作付出。同时特别感谢天津商业大学穆瑞杰教授对课题研究、理论凝练和书稿撰写等环节的学术指导,提升了研究成果的理论性、学术性和科学性。

目　　录

第一章　相关概念的基本内涵界定

本章提要：

　　体育公共文化供给侧改革是个复合型概念,对于其所进行的深入探讨,需要对其各方面概念的基本内涵进行全面地阐释剖析,并结合实例对其内涵展开直观阐释。本章内容主要是针对所涉及的相关概念进行内涵方面的阐述。

第一节　公共文化的内涵

一、公共文化

　　公共文化这一概念的出现最初始于资本主义早期阶段的民主化进程之中,随着资本主义民主化进程逐渐形成,在公共领域将其详细地划分为政治公共领域和文化公共领域之后,由体制化逐渐的发展成为现代社会的公共文化。公共文化是一种基于公共设施活动的特殊文化类别,不仅在公共文化物质层面,更多的是体现在公共文化服务的精神层面。公共文化的扩展是一种有形的物质的公共文化设施,例如,文化站、美术馆、公共图书馆和公共博物馆等。公共文化的内涵主要是一种代表着公共文化精神的特色文化,它具有完整性、开放性、公益性和统一性的特征,其主要目的是培养人们对公共文化服务的认识,并助力逐步提高人们对公共文化服务的认同感和对社会的归属感,并保持追求融合的理念、文化与和谐发展。公共文化主要是由政府进行主导、社会进行参与并形成的普及文化知识、传播先进文化、提供精神食粮以及满足人民群众对文化的需求和保证人民群众基础的文化权益的各种公益性文化机构和服务的总和。伴随社会的迅猛发展，公共文化的内涵在中国的语境之中发生了巨大的变化，它与中国经济体制改革和对外开放的背景有着密切的关系。随着社会主义市场经济体制的初步建立，在计划经济改革时期确立的以职业体系为主要特征的文化发展模式，也将进一步解放文化生产力，满足广大人民群众日益增长的精神文化需求，在文化领域，这已经成为推进体制改革和促进文化发展的主要任务，而文化生产力的发展与当前文化强国建设密不可分。

二、公共文化服务

随着我国经济稳步上升，人们在工作之余有更多的时间和金钱用在满足文化需求上，人们对文化的需求也越来越高，随着文化体制改革的持续深化和政府职能的日趋转变，这为我国学界开展公共文化服务相关的研究提供了更多的契机和可能性。国内关于公共文化服务的研究相对较晚，一直到 21 世纪初才提出了关于公共文化服务体系建设方面的内容，不同的学者通过不同的方式对公共文化服务进行了多维度以及多层次的定义。在 2017 年 3 月 1 日起实行的《中华人民共和国公共文化服务保障法》中对于"公共文化服务"概念进行了法理上的解释和概述："本法所称的文化公共服务，是指有政府主导、社会力量参与，以满足于公民基本文化需求为主要目的而提供的公共文化设施、文化产品、文化活动以及其他相关的服务。"通俗来讲，就是公共文化服务体系与经营性文化产业相对应，一般都是在政府的带领下，不以营利为目的，旨在为城乡居民提供文化产品和文化服务的体系。其中文化服务涵盖着很多和居民生活息息相关的内容，具体主要是按照硬件和软件来划分为以下两类：

第一，指公共文化服务的硬件，也就是指服务载体，操作平台，其中包含的有文化体育服务的基础设施的建设、服务体系的建设，更具体的可以分为：广播电视、网络服务、生活休闲广场、图书馆、博物馆以及文化活动中心等硬件设施。

第二，指软件设施，也就是指服务内容、方式、品质等方面。其中主要是包含：电影、画展、诗歌比赛、运动赛事以及公共文化艺术课程的培训课程等相关的公共文化活动等。

在相关的文献中有关于公共文化服务的不同特征，其中公共文化服务的特征有三个重要的方面：

第一，公共文化服务是一种权利。能够更切实地保护公民的基本文化权利，是当代公共文化服务体系进行改革的出发点以及落脚点，主要是为了人民的一切，但是也需要一切都依靠人民。向人民和社会提供基本的公共文化服务也是当今国家的使命与职责。在新实施的《中华人民共和国公共文化服务保障法》中专门对这方面进行了详细阐述。基本公共文化服务中的"基本"指的是在进行公共文化服务时不是必须要满足所有的群众的需求，只需要满足群众的基本需求即可，另外一些更高层次的文化服务需求可以以商业性质的市场来提供。基本公共文化服务中主要指看电视、听广播、看书看报以及进行公共文化鉴赏等方面的活动。

第二，公共文化服务能够体现出公平性。公共文化服务中所使用的都是公共资源，但是由于供过于求，人民的需求也是在逐渐提升的。怎么能够用有限的公共资源来尽可能满足更多人的需求，最终实现综合效益最大化，这同时也是当前公共文化服务中的重难点。公共文化中的公平性主要是指在城乡均等化以及不同群体平等化这两方面。其中均等化的目标需要逐步建立起城乡一体化的基本公共文化服务体系，能够促进公共文化资源在城乡之间以及区域之间进行均衡配置，还能够在一定程度上缩小地区间以及城乡间和社会群体间的基本公共文化服务公平的距离，能够确保社会中所有的成员间都能够享受到相等水平的基本公共文化服务的权利，尤其是农村以及贫困地区间的基本公共文化服务水平能够不断提升。但是同时还要注意的是均等化实现不是指所有的群众之间享用的都是绝对的平均的公共文化服务，而是指一种基本上较为微妙的平衡，一种动态平衡状态能够具体到涉及社会群研究以及社会治理等诸多领域，而政府的职责就是要做到一视同仁，能够通过标准化的科学体系最终达到一定的公共文化服务在不同地区、民族以及不同职业和不同年龄群体之间达到动态平衡的状态，并且不允许出现偏向于特定的阶层、特定人群等，最终导致社会出现不必要的矛盾等问题。

第三，公共文化服务实际上就是指一种"治理"。要建立起公共文化服务体系，这也是对于推动国家治理体系和治理能力提升和进步的重要表现。在建构现代的公共文化服务体系中要讲究对"治理"的理解，治理的同时需要保证两个基本原则，就是"科学"和"民主"，"科学"指的是能够保证政府在保持主导作用的基础上，能够更加重视企业、机构以及团体等社会组织中的主体地位，能够让政府作为这些社会组织的重要支持以及幕后支持力量。而"民主"指的是能够真正让人民当家做主人，真正遵循自己的原则来做决定，能够真正地保护公民应该享有的基本文化服务权力。

第二节　供给侧改革内涵

所谓公共文化产品供给,是指在社会发展的一定时期内,根据公共文化产品的价格提供公共文化产品和服务的供应商,提到的供给侧改革是指公共文化产品供给结构的改革,包括文化资源整合,公共文化产品供给管理政策改革和金融体系改革等领域。从公共服务文化供给的质量来看,公共文化供给的改革应逐步优化公共文化服务的资源配置,逐步提高公共产品供给的效率与质量,并能在更大程度上满足公众的需求。对文化产品的需求促进了社会经济供应产品理论的健康和稳定的发展。

2008 年,学界开始重新思考关于经济学的理论框架以及宏观调控下的"需求管理"为主的实践经验,对于理论联系实际也开始进行重新思考,并针对供给侧结构性改革以及"供给管理"的调控等方面都更加重视起来。在 20 世纪 70 年代末期,经济学家芒德尔在制定供应政策方面发挥了积极作用,并将供应方法理论逐步应用于公共文化产品的改革。另外,在"里根经济学"和"撒切尔新政"的改革中,经济学家查理和里恩分别提出了公共产品供给的改革策略。自 2015 年底以来,供给侧改革成了中国经济社会发展中的热门的话题之一,自从供给侧改革策略提出以来就引起了全社会的关注和重视,这同时也为城市社区文化建设提供了全新的研究视角。从供给侧改革的角度上思考关于城市社区文化建设,需要通过改革思维方式来逐渐提升社区文化供给的质量,才能够一定程度上改善城市社区的供应结构进而优化城市社区文化建设的结构,扩大城市社区文化的供给质量和数量。人民对于文化的需求是在不断地变化的,为了能够更好地适应当前人民对于社区文化的需求,就必须灵活地来满足当下群众的对于文化的需求,并能够促进社区文化系统的基础建设。

供给侧改革的意义在于能够更加准确地实现社区文化产业的调控目标,同时能够激发文化产业的内在动力。政府可以通过适度的放权和因地制宜的政策来充分激发起全民进行创造的能力,另外还能够了解到人民对于基层服务中的需求,能够根据情况逐渐地完善服务水平,满足居民的需求。社区中的文化建设中的供给侧改革首先应该立足于社区居民的实际需求,还要兼顾供给侧改革中的要求,并综合性地总结其他国家中在发展过程中得出的经验以及教训。另外通过供给侧的改革能够一定程度上避免社区文化在发展的过程中出现不必要的问题,通过相互配合或是相互替代的方式来逐渐满足与不同时代下各个阶段中的不同需求,最终,可以在社区文化建设的供给与社区居民的文化需求之间取得平衡。其中,公共文化服务供给侧结构性改革的基本内容包括:

第一,供给主体结构的层面,也就是指谁来进行供给的一个问题。在进行公共文化服务时,要了解各级政府、市场、社会组织以及居民等主体,如何更准确定位各自的供给地位,明晰供给角色。

第二,供给内容的结构层面,也就是需要在有限的资源范围内,能够根据群众的实际需求来进行相关的计划,真正明确群众对于基本文化的需求,并了解到公共文化服务中所涉及哪些内容和范围,最终能够根据这些问题来建构科学有效的公共文化服务供给的内容结构。

第三,供给方式的结构层面,也就是如何供给的问题。整体上来讲就是能够通过重组、融合等供给的方式创造出新的供给手段,最终来优化公共文化供给结构,并完善供给方式的科学序列,提高公共文化服务的供给效能。

第四,供给要素的结构层面,也就是公共文化服务发展指的是长期发展的要素(其中主要是指财力供给要素和人力供给要素方面)。

目前来讲,我国当前供给侧改革中面临的问题主要有:首先就是高品质消费品供给量不足的现象,大量购买力来进行消费却得不到一定程度上的满足,所以会出现“海淘”现象的出现;还有就是终端消费品供给中出现严重过剩的问题,明显滞后于消费的变化导致产量和需求并不匹配的状况。同时中国的经济持续增长的过程中面临的最大的障碍就是“供需错位”现象,其中结构性的矛盾会十分的突出,并且资源配置效率比较低下。“供给侧改革”的提出就是来应对我国目前在发展中所遇到的挑战,能够从客观上发挥出供给侧管理的结构调整作用,能够让要素实现最优配置,进而推动供给侧服务产品的精准生产与提供。

供给侧结构性改革被列为中国“十三五”时期经济发展的主线。在中国建设文化强国的背景下,供给侧结构性改革在公共文化领域任务中也将非常紧迫与艰巨。希望进一步改善或增加公共文化服务的提供不仅是当下迫切研究的课题,而且也是我们面临的一个严峻现实问题。总的来说,公共文化服务提供方的结构性改革需要对结构进行调整,通过相关的改革措施,实现公共文化服务质量的不断提高,公共文化供给的结构不断优化,不断满足当前人们对公共文化服务的实际需求,最终完善中国公共文化服务体系,促进中国公共文化服务整体发展。

第三节　公共产品理论内涵

一、公共产品理论的提出

公共产品的思想启蒙源于英国学者霍布斯所提出的相关理论,在此之后,相关的学者休默、斯密、穆勒等进一步发展了公共产品的思想,而公共产品思想的核心是来区分市场和政府之间的界限,所以公共产品也成为公共经济学中的核心概念以及研究对象。在萨缪尔森的基础上,马斯格雷夫对此也进行了进一步的完善以及补充,并且把集体消费品分为公共产品和有益产品,其中有益的产品指的是具有强制消费的特征,如义务教育等,消费者对于此类的产品没有自由选择权,所以也可以讲是非排他性的。因此非竞争性和非排他性能够作为一种产品用来判断是否为公共产品。另外布坎南还从物品供给机制的方式对公共产品进行了新的阐释,并认为相关的一些物品或是服务主要的目的是能够通过市场制度来逐渐实现供给和需求,而另外一些能够通过政治制度来实现一定的供给和需求,前者指的是私人产品,而后者主要指代的是公共产品。通过布坎南对此创新的诠释,综合之前的公共产品属性的论述相比较的话,此阐述能够更加强调公共产品组织制度的内涵。另外迈克尔·皮克哈特还指出任何消费品都可以根据消费模式分为竞争性和非竞争性,能够被非竞争进行消费的产品都称之为公共产品。在新制度经济学派中巴泽尔认为产品的本身并不是天然地分为私人或是公共的产品,而是通过个人根据产权界定的边际收益以及成本来比较然后进行选择产品是公共产品还是私人产品,再或者是混合产品。另外德姆塞茨也认为产品的本身技术属性不会产生排他性,而公共产品的非排他性主要是取决于产权的界定。

二、公共产品理论内涵

公共产品理论是当前新政治经济学的重要内容,其主要目的是处理市场与政府之间的关系,最终实现政府职能的转变,以建立适应市场发展的公共基础理论。

美国的著名经济学家保罗·萨缪尔森在《公共支出的纯理论》中提出了关于市场失灵现象,并指出政府对公共文化产品支出所产生的差异化能够导致市场经济竞争中出现恶性循环的状况。他认为,公共产品是社会所有成员共同享有的消费品,社会成员可以共同享受该产品,每个人对这种产品的消费都不会影响社会其他成员继续享受这些产品。公共产品的形式是,变革的方向可以从传统的积极的个人供给和市场供给的程度来提供。文化具有一定程度的公共性,也是公众公共生活的一部分,可以使公共文化服务不同于其他公共产品。因此,在进行公共文化服务时,首先要考虑的是公共文化产品的价值和公益性,并通过政府和市场的作用,逐步实现公共文化产品的合理供应,最终不断改善提高我们的国家文化发展的软实力,从而进一步巩固中国在国际文化竞争中的"文化强国"地位。因此,政府应该通过干预的形式调节整个经济的运行状态。公共文化产品可以分为非竞争性的公共文化产品和非排他性的公共文化产品,而两者之间的公共文化产品的属性却截然不同。排他性的公共文化产品所指的就是不排除对个人所需要的产品,也就是当消费者对公共文化产品消费时,公共文化产品的拥有者不能够提供收费行为,所以导致了大多数的消费者在进行享用公共文化产品的同时不愿意去支付费用。当面对这种情况时,由于市场本身尤其是产品的私人提供者就更加不愿意提供类似的没有任何回报的公共产品,因此作为公共文化产品的提供者的共同体,政府也应该承担一定的责任。

三、公共产品形态理论阐释

在现实生活中,可以将公共产品按照不同的方式来划分为各种各样的类型,例如:可以通过非竞争性和非排他性划分为纯公共产品、私人产品以及准公共产品;如果按照公共产品的空间范围上来讲又可以分为国际公共产品、全国性的公共产品以及地方性公共产品和社区性公共产品;如果按照存在的形态上来讲又可以分为有形的物质公共产品和无形的精神或服务性的公共产品;还有包括根据公共产品使用的领域或是提供的主体来进行详细的分类。通过按照公共产品的存在的形态上来讲可以把公共产品分为五大类:第一,资源形态,资源形态中又包含海域、陆地以及矿产资源等自然资源;第二,物质形态,物质形态中包含桥梁、公园、铁路、公交、地铁、电影院等能够满足人们需要的一些公共产品;第三,服务形态,服务形态中包含有教育、天气预报以及国防等公共性的服务;第四,制度形态,制度形态中包含的有法律等包含有条文形式存在的公共产品;第五,文化形态,文化形态中包含物质文化、精神文化以及制度文化等三大类,且自身具有公共性共享的特征。

四、我国公共产品的特点

我国提供的区域公共产品和全球公共产品更符合发展中国家所面临的问题和区域问题,以及社会发展特定阶段需求。从我国提供的公共产品的角度来看,无论是区域性公共产品还是全球性公共产品,它们都与发展中国家的民生、社会、生态环境发展等息息相关,主要目的是帮助发展中国家培养一批人才、提高技术水平、促进农业现代化的发展,逐步提高人民的生活水平和质量,发展各种产业来提高经济水平,并在产业发展的各个阶段及时进行科学的调整,保证产业的生态、绿色、协调,最终走向自由和可持续发展。特别是通过提供"一带一路"全球公共产品,中国不仅可以继续与发展中国家探索和分享发展机会,还可以突破发展瓶颈,共同创造"共同发展、共同繁荣"的命运共同体。在推进对外援助的过程中,中国积极发挥了援助本身的深层功能属性,结合不同地区的发展特点和国际社会的共同追求,提供适当的区域性公共产品和全球性公共产品,建设发展共建共治共享平台,贡献了中国的发展经验和智慧,随着中国对外援助模式的不断发展和壮大,中国将继续提供更多的公共产品。

第四节　体育公共服务的内涵

一、体育公共服务

(一)体育公共服务的概念

对于体育公共服务的概念界定,从中央政府的政府职能为出发点,政府基于自身职能,发挥公共权利,利用多种手段和方法,对大众的公共利益进行维护,为大众合法权益的实现提供坚实的保障。社会的不断发展进步,现代化发展的步伐不断加快,体育公共服务体系构建也备受关注,大众对于体育公共服务的需求日益增加,这无疑是对政府工作提出了更高的要求。对于公共体育服务的提供以及公共体育服务体系的构建,要正确处理体育公共服务和大众生活需求的关系,在现有的基础之上,进一步加强体育公共服务体系构建的进程。不同的国家具有不同的历史发展背景和政治文化条件,并且在城市发展的过程中,城市发展进程和城市发展特点也具有一定的差异性,因此各国的体育公共服务也存在一定的差异性,由此形成了不同的体育公共服务研究观点和学派。

当今体育公共服务发展,体育部门以国家经济发展为规划要求,致力于对体育公共服务质量和服务职能的提升,我国学者的研究中,周曰智在《体育公共服务的概念及原则》一文的研究中指出,公共体育服务是国家和社会进步的重要标志,对于小康社会的建设具有重要意义,对群众的生活质量和幸福生活指数都具有一定的影响。体育公共服务的高质量提供,关系到大众体育行为需求的满足,是政府必须高度重视的工作职能之一。

(二)体育公共服务的内涵

易峰、陈康、曾红等人在《体育公共服务的概念内涵及特征》一文的研究结果中指出,体育公共服务的内涵目前被大众广泛接受,公共体育服务的发展要基于对大众需求进行满足的基础之上,公共体育服务作为一种公共性的服务,具有公共产品的共同属性,主要以政府部门的财政投入为资金来源,通过相关体育部门为大众提供能满足其需求的体育服务。在我国的理论研究中,对于公共体育服务内涵的解读具有不同的观点。但是目前国外还没有关于公共体育服务的统一内涵界定,国外对于此类服务的界定为体育与公共服务,从国内外的发展实际可以看出,基层体育在社会中发展的重要性极为突出,而以体育社团为主要服务形式的公共服务体系构建应是未来发展的重点。

(三)体育公共服务发展模式

体育公共服务的发展模式可以从多个角度进行解读。基于体育公共服务供给水平的角度来说,田晓阳在研究中指出,目前我国公共体育服务存在不足之处,基层政府在公共体育服务的提供方面发挥着重要的作用,因此中央政府要积极监督扶持,促进基层政府工作效率的提升。基层政府更加贴近大众的实际生活,更能直观地了解到大众的基本需求,因此基层政府在公共体育服务方面所发挥的作用至关重要。此外,目前我国体育公共服务所存在的问题还集中体现为城乡公共体育服务水平差距较大,东西部发展极不平衡,产品供需不对称等。对比而言,乡村的体育服务水平较低,严重制约了乡村振兴事业的发展。政府方面要高度重视此方面的问题,充分发挥自身职能,加大对公共体育服务的改革力度,促进公共体育服务水平的提升,尽可能地缩小城乡公共体育服务水平的差距。

从体育发展规划的角度来说,朱亚成在对《体育发展"十三五"规划》的深入剖析中指出,学校体育作为体育公共产品的重要组成部分,是我国体育事业发展的重要基石,同样也是我国体育事业改革发展的重要内驱元素,学校体育的发展同样应该受到高度的重视。国家要从宏观方面进行政策制度的支持,兼顾群众体育和学校体育公共产品供给,不可以片面地支持某一部分的体育发展。此外还应该结合实际,提升对基层体育开展的重视程度,各个政府职能部门凝心聚力,协同配合,共同完成基层体育的发展和改革工作。

基于新型城镇化角度来看,陈方煜在对广西桂林基层公共体育服务的研究报告中指出,单纯地以城镇发展的视角对公共体育服务发展存在的问题进行分析得知,公共体育服务不能满足大众的需求,场地设施不完善、资金投入严重匮乏、公共体育服务开展缺乏针对性以及公共体育服务相关工作人员素质较低等,都是公共体育服务体现出的显著性问题,这也从侧面说明了,我国公共体育服务存在极为广阔的发展空间,社会不断发展的时代背景下,这些问题的解决应该受到重点关注。

新型城镇发展中,尤其是城乡结合区域的先头改革领域,其中的体育公共服务体系摸索具有重要的实践意义。

基于体育公共服务市场供给的角色定位、模式选择和关系特征来看,王钧、鞠国梁、段义龙在实践研究中指出体育公共服务,尤其是基层体育服务水平的发展程度,对我国体育事业的发展也具有一定的影响。因此在我国市场经济发展的过程中,我国要重视对于体育公共服务供给侧的创新性改革,解决好服务践行和大众需求之间的供求矛盾,改革组建专业的体育部门对公共体育服务的具体事务进行处理,并做好相关部门的协同配合。制定适合公共体育服务发展以及水平提升的政策制度,构建完善的体育公共服务体系。

综上所述,在对体育公共服务发展模式的分析中发现,体育公共服务城乡差距加大,整体体育公共服务水平较低,体育公共服务场地设施缺乏,体育公共服务发展资金投入不足,体育公共事业教育宣传欠缺,工作人员素质水平较低等问题,严重影响了公共体育服务的水平。针对上述问题,政府方面要重视扩大供给,缩小城乡间的差距,并且通过市场调节等手段,提升体育公共服务水平,最大限度地满足大众对体育运动的需求,以优质的体育公共服务促进大众生活水平的提升。

二、体育公共服务体系理论阐释

(一)体育公共服务体系的概念

体育公共服务体系的概念以体育公共服务概念为基础,郇昌店、肖林鹏等人在研究中指出,体育公共服务体系的概念可以分为广义和狭义两个角度进行分析,广义来说,体育公共服务体系包括供给系统、保障、需求系统以及评价系统等,从狭义的角度来理解,对于体育公共服务体系概念的界定就更为具体,例如,对于体育公共服务场地设施的提供、体育公共服务专业工作人员的培养以及体育公共服务平台的构建、公共服务内容的制定、服务反馈等,都是体育公共服务体系的重要内容。朱征宇在研究中指出,体育公共服务体系的构建,其主要的目的是对大众体育需求进行满足,而这个构建的过程,需要以政府为主导的多个部门的协调配合,在协调配合的过程中为大众提供公共体育服务,满足大众的体育需求。

(二)体育公共服务体系的内涵

体育公共服务体系是一个复杂的体系系统。陈松在研究中指出,构建"产—学—研"为主体的体育公共服务人才培养模式,满足体育公共服务需求和供应的关系,重视体育公共服务体系的创新性改革,监督政府部门职能的转换,将大众从需求者转为参与者、制定者、推动者,为公共体育服务体系构建培养专业的人才,合理分配人才的分布,为公共体育服务服务。

体育公共服务的性质和功能决定了体育公共服务体系是一个商业性和公益性并存的体系,公众的体育需求是公共体育服务体系构建的基本导向,国家是提供服务的主体,对公众的体育需求进行满足,保障公众的基本体育权益。具体来说,体育公共服务体系的构成内容主要包括体育公共组织管理系统、体育公共服务运行系统、体育场馆设施及布局运营、公共体育指导系统、公共体育信息系统、公共体育保障系统六个部分。

(三)体育公共服务体系的发展模式

基于体育公共服务体系的供给主体、供给保障与供给目的角度来说,王占坤在研究中,对体育公共服务体系进行了研究阐述:体育公共服务体系以政府为主体,在政策和资金的双重保障下,以满足大众的体育需求为主要目的,为大众提供公共体育服务,保证大众参与体育活动的权利得以实现。他在研究中还指出,公共体育服务体系的构成要素包括公共体育服务内容体系和保障体系两个方面,保障体系以资金保障和政策保障为主要内容,公共体育服务内容体系包括体育设施服务、体育活动服务、体育指导服务、体育组织服务、体质监测服务和体育信息服务。

从体育公共服务体系的政策支持的角度来说,柴亚萍在研究中指出,体育公共服务体系需要国家的政策保障为基础,政府发挥自身职能,对各方资源进行综合调度,保障资源最优化配置和利用,引导市场科学开发,最大限度地满足大众体育运动的需求。公共体育服务产品对于大众而言,具有共享性,在满足大众体育需求,提升大众生活质量方面发挥着重要的作用。对于公共体育服务体系的构建效果,建立了科学的评价指标体系,共预选七个一级指标和五十七个二级指标,并且通过"重要性"和"可操作性"进行衡量筛选。

新时代背景下,互联网技术获得了蓬勃的发展,利用新时代的互联网技术、人工智能和大数据,对体育公共服务体系进行科学构建是当前发展的必然趋势。申顺发在研究中指出,对于体育公共服务体系的构建,可以通过多条交流表达渠道、公共体育服务体系模型构建等多种方式进行构建。以大众健康需求为基础,建立专门的活动中心,社会体育活动组织、各类俱乐部、各类活动场所以及多方参与的委员会等,通过互联网平台以及大数据的实际分析,实现"需求表达模型""供给决策模型"及"多元评估模型"共同的模型体系。体医融合已然成为体育公共服务体系构建的关键领域和重要实现途径,其对健康产业的升级发展具有重要意义。

基于体育公共服务体系可持续发展的角度来说,冯艳在研究中提出了高校体育公共服务体系发展,对推进公共体育服务体系的发展具有重要意义。高校教学活动的开展是对综合性的社会型人才进行培养,具有服务和科学研究的特性。高校公共体育服务体系发展对公共体育服务体系的积极意义具体体现为:第一,高校在人才培养的过程中,教学意识和服务意识明确,对社会具有重大的贡献;第二,高校公共体育服务体系的建立不会对学生的正常学习产生影响,高校对于综合性人才的培养,也是其优势之所在;第三,高校公共体育服务体系,同样具有服务社会、立足于长远发展的特点。

在当今社会发展背景下,杨国庆在研究中指出,对于青少年群体体育公共服务体系的构建,是社会体育公共服务体系构建的关键环节,对于基础性的人才培养具有重要意义。青少年群体是国家发展的未来之希望,针对性的公共体育服务体系构建,对青少年群体的身心健康发展意义重大,因此要正视公共体育服务体系构建的价值,积极地建立公共体育服务体系保障机制,最终对青少年公共体育服务体系构建的路径进行论述。

体育公共服务体系这一概念核心的内容为"体育公共服务体系"与"标准"的有机结合,樊炳在研究中指出,所谓公共体育具体是指,以国家为主体的,对大众体育需求所进行的场地器材、服务人员以及指导方法方面满足,满足过程中制定规范规则,实现物尽其才,人尽其用的效果,为大众提供优质的公共体育服务。

基于公共体育服务的需求的角度来说,代表性的观点为,邓婧在研究中指出,公共体育服务是政府为主体,但是大众的需求才是公共体育服务的核心性动力,对于大众体育需求的满足,才是公共体育服务体系构建的终极性目标。体育服务的提供是具有针对性的,政府根据大众的需求提供对应的服务。体育服务提供的内容包括公共体育服务场地设施、公共体育指导、公共体育信息服务以及全民性的体质监测等。按照区域划分,建立公共体育服务体系,制定监管机制和评价机制的,促进公共体育服务体系发挥良好效果。

　　基于供给主体的视角来看,公共体育服务体系的主体为政府,利用资源的宏观调控,为大众提供公共体育服务,满足大众的体育需求。吴梦在研究中指出,公共体育服务体系的构建应该从政府、大众以及体育产品等多个方面入手,社会力量的参与对于公共体育服务体系构建意义重大,社会力量与政府的配合协作,是公共体育服务体系创新的必然途径。

　　综上所述,体育公共服务体系实质上就是指以政府为主体的,基于大众需求为大众提供体育公共服务的过程,政府与其他部门的协调配合是体育公共服务的关键。体育公共服务体系结构复杂,包括供给系统、保障需求系统,评价系统等诸多方面系统的内容,具体包括体育公共服务的组织管理系统、运行系统、场馆设施系统、指导系统、信息系统、保障系统等。

第五节 公共文化服务的内涵

一、公共文化服务的概念界定

文化服务的概念可以定义为,由政府主导、社会力量参与、多元主体补充,以满足大众的基本文化需求为主要目的而提供的公共文化设施、文化产品、文化活动以及其他相关服务,以丰富大众的精神文化需求,保障人民的基本文化权益得到满足。以政府作为主导性作用,目的是能够向公民传递先进的文化以满足其多样化的需求的生活水平。公共文化服务的体系是从群众感受的满意程度着想的,形式上会对社会造成外部影响,在影响力的作用下能够潜移默化地提高群体居民的生活水平质量,促进其自身素质的良好养成,提高全民文化素养和文化自信,助力文化强国建设,夯实文化自信。

随着人们对于文化需求的不断提升、文化事业的持续改革以及文化强国战略的推进实施,这为我国展开公共文化服务相关的研究提供更多的契机和可能性。最先开始提出该概念的是 19 世纪后期的德国政策学派,之后也有大量学者对此进行更深入的研究和探讨,但是由于受到文化服务内容广泛性、多样性以及人民需求不断提升等相关因素,使得目前公共文化服务至今还没有形成更加明确的定义。我国关于文化服务方面的研究本身就较晚一些,一直到 21 世纪才提出了公共文化服务的相关建设。之后很多学者和研究文化形态的专家对公共文化服务的定义开展了多维度、多层次的研究。

公共文化服务的内容是包含很多方面的,整体合理性、完整科学性的文化服务体系中间运转的不只是政府有关部门、社会公益性组织和企业,还有最重要的群体的居民。政府有关部门只属于一个维持项目组织资金扶持的层面,社会上具有代表性的公益组织在社会上发挥着让更多的群众知晓的作用,企业的资源用来帮持政府填补需要,广泛传播使更多的居民参与到相关文化活动中,并且居民们还要享受这个文化公共服务的过程,并起到监督管理的作用,有效促进公共文化服务体系的建设。

公共文化服务的目的就是能够为广大群众提供相应的高质量的文化产品,公共文化服务的含义是由公共部分以及准公共部门双方满足公共的需求,并且一起承担公共产品服务的总称。公共文化服务也是国家公共服务体系重要组成部分,其主要的目的是能够为广大的人民群众提供一定的文化产品和服务,目的是让就业的机会变得更多,潜移默化地使科学技术、教育、文化、体育、卫生这些公共文化事业变得更强大,确保社会的一体化服务体系,居民在生活中得到更多的服务质量,以群众的角度为出发点,公共文化服务就是公共部门和准公共部门结合,都是为了稳定社会的和谐和发展,实现居民对文化事业的正确指引需求为重点,增加文化精神层面的服务和建设设施改善工作。

二、公共文化服务所具备的特点

公共文化的服务的广泛性特点表现在面对广大社会群体进行的公益性的文化服务体系,人人平等都可以享受到的文化产品服务,但公共文化服务本身又带有一定的范围性和边界性,这些主要还取决于国家的政治体制、经济发展水平和社会群体的自身素质等。公共文化服务对社会发展意义非凡,文化服务可以帮助大众借助文化的力量在社会上有更好的生存发展,另一种角度来说,公共服务可以用文化的特点满足社会各类群众生活发展中对文化的需求,所以这就是公共文化服务中所具有的广泛性特点。

公共文化服务中还具有公益性的特点。在进行有组织性社会活动的时候,面对社会群众要保证每一个人的权益是相同的,并且不以营利为目的。在进行公共文化服务的同时,因服务群体的异同,所包含的服务类型以及价值标准也是不同的,但是无论是哪种类型或是哪种标准,公共文化服务一直遵循公益性的原则。因此,公共文化服务中最为根本的就是要为社会大众的利益着想,保证居民们的文化保障,在原本的保障层面上加大力度,最大化地改善并且促进社会和国家的生存利益发展。

公共文化服务中要保证所有公民的无区别对待,也就是均等性。广大的公民能够享受到无差别的、平等性的公共活动。这一特点还与不同区域间建设以及地区发展水平有关联,城市的发展建设和农村有一定层面上的区别,这样的问题将会直接影响公共服务平衡性的本身,也会影响到社会群体居民平等性享受文化公共服务的公益性和局限性,如何协调好服务的差别性与阶段性也是公共文化服务事业发展应重点关注的因素。

公益性服务的最基本原则就是能够保证所有公民的便利性,这同时也是公共文化服务的特点之一。政府及社会组织在进行公共文化服务活动时,应考虑人口活动规律,需要更彻底有效地融入广大人民群众的生活以及工作,为所有的群众提供更便利的公共文化服务。

三、公共文化服务的意义

加强公共文化服务体系的生态建设与全方面发展,为社会公众群体带来更有丰富的文化营养和精神食粮,同时这对建设我国社会主义文化强国、实现中华民族的伟大复兴有着积极意义。

首先,打造完整的公共文化服务体系对本国家人民追求更高的生活水平,推动经济发展,繁荣社会文化有重大现实意义。人的文化素质不断提高,综合素养也就会不断提升,无论是对于公共文化的硬件设施、广播电视,还是网络资源或是文化娱乐活动都会有了更新的期待。因此在这样的背景下,这对于公共文化服务也会提出更高的要求,所以健全公共文化服务体系,激发文化生产力,能够为广大的人民群众提供更为广阔的资源以及发展空间,能够有效地促进经济社会的快速发展。

公共文化服务体系的建设,能够有效地提高国家的文化软实力。所谓的文化软实力是国家综合国力的重要组成部分之一,在当今世界竞争日趋激烈的发展形式下,只有国家综合国力的不断增强才能够在全世界中占有一席之地,在优胜劣汰的激烈环境中,文化软实力无疑是国家在文化建设方面重要的组成部分,也是不容小觑的一部分,在取得世界文化认同与获取全球话语权方面具有实质影响。文化是我们国家有历史有传承精神的体现,每一个人都要将这份精神发挥到极致,才能有更多的自信,只有文化真正强大起来,才能建设起更强大的国家。所以通过建立起完善的公共文化服务体系,将公共文化服务更好地融入广大人民群众的日常生活,逐渐改变人们的生活方式,让更多的人享受文化成果,为推动公共文化服务体系的建设、实现文化大发展、大繁荣有着积极的作用,借助公共文化服务体系对基层大众思想境界和文化素养的提升,提高综合素养,是建设文化强国,强大文化软实力的基础工作。

公共文化服务体系的完整性建设是极其必要的,它可以促进国家的现代化发展进程,提升治理能力,促进治理体系现代化。文化治理体系以及文化治理能力的现代化是国家作为治理体系和治理能力现代化的重要组成部分。公共文化服务体系的建设也将会促进全国深化革新,改革开放的转变,国家文化事业的创新在一定程度上取得了突破性以及阶段性的进展。推进文化的创新,构建出符合当前时代发展要求的公共文化服务体系,能够激发广大人民群众的创造力以及创新力,最终实现文化的大发展和大繁荣。所以只有不遗余力地全身心地投入到公共文化服务体系的建设中,才能够实现全面深化改革的总目标,也能够充分发挥文化在改革中的重要作用。

第六节 体育公共文化服务的内涵

一、体育公共文化服务的定义

学术界对于体育公共文化服务的术语使用尚未形成统一的认识,对于体育公共文化服务一词的定义尚且模糊。但是可以明确的是,分析各种对体育公共文化服务的研究,其基本研究的对象皆一致,所以体育公共文化服务的内涵中必然包括体育公共文化服务的供给主体、进行服务的目的以及服务对象和服务的范围领域等几方面。所以总的来讲,可以将体育公共文化服务的概念理解为:有相关的政府体育部门作为主要提供者,并利用市场或是社会的补充途径来满足广大人民群众的体育文化欣赏、体育文化教育或是体育文化交流等方面为基本的目的,并向广大的人民群众提供以体育为内容的公共文化产品与服务的制度或是系统的总称,其中包含体育公共文化、设施、资源、人才、资金以及政策保障机制等几方面。随着国家的飞速发展,人们更注重个人的体育素养,体育事业得到了社会的认可,体育公共文化服务作为公共服务中的基础部分,在公共服务中占据着重要的地位,体育公共文化服务的平衡性是现阶段体育公共文化服务发展的现实要求与必然的选择。

二、体育公共文化服务的特性

(一)体育公共文化服务具有社会性

公共文化性的体育服务是一种集体行动的结果,主要是由政府、市场或是社会公共提供,主要的对象是整个社会的公民,并以某一群体或是整个社会达成一定程度上的共识。

(二)体育公共文化服务具有公共性

体育公共服务所面对的对象是群众,所以体育公共文化服务并不是以服务于某个特定的人或群体而进行的,它存在的目的不仅仅是为广大的人民群众提供进行大众体育活动时所需要的条件或是保障,还需要通过各种途径或是手段提升居民的参与率。

(三)体育公共文化服务具有一定的层次性

体育公共文化服务在对公民开展时会产生不同的效果,产生的效应具有全局性和局部性的差别。全局性的体育公共文化服务能够产生全面覆盖的体育信息服务;而局部的体育公共文化服务则对公民产生地域性的影响,如具有地区特色的体育公共文化服务。

(四)体育公共文化服务具有公平性

体育公共文化所服务的对象是群众,被服务的对象并不会因为国家、职业、性别或是民族等而受到歧视或是不平等的待遇,所以体育公共文化服务不以服务对象的贫富、职业等差异而排斥任何人,任何人都有资格享受政府或是社会等提供的体育公共文化服务。

(五)体育公共文化服务具有一定的动态性

体育公共文化服务并不是固定的或是一成不变的,政府在进行提供相应的体育公共文化时需要考虑到的就是人们的现实状况,其中包括人们的生活条件、地理位置、文化习惯等方面,还要结合所在的区域特色,能够让所进行的体育公共文化服务更加具备简便性和易行性。另外体育公共文化服务还要根据时间或是经济的不断发展而逐渐提升或是改变,最终能够有效推动体育文化的传播,带动整个体育事业蓬勃发展。

(六)体育公共文化服务具有非排他性和非竞争性

这也是体育所具有不可缺少的公共文化服务性质,体育公共文化服务所服务的对象不需要相互的竞争去享受所提供的体育公共文化服务,同时也不用相互排斥对方。

三、体育公共文化服务的功能

理解体育公共文化服务的功能首先要厘清体育文化服务其中的首要含义,这会关乎体育公共文化服务对人的认知和理解,可以说,体育文化的服务是加强构造体育公共服务的框架,为体育公共服务在社会上的价值得到正确的引导,就此问题来说,体育公共服务的功能性和体育市场发展两者之间紧密相连,对于国家发展的现状来讲,体育市场文化服务的要领是要先把功能性的服务带给持续提升中的公共体育,稳定公共文化体育带来的供需排斥,我国的体育公共文化服务在体育场所的建设上、组织体系建立要以合理科学正确的指向,社会全体居民在需求上还存在一定的不同,这也是创建体育道路中的基础性问题最脆弱的一点。所以,体育公共文化服务要注重的就是平衡性,公益性。体育市场的文化公共性服务功能就是让社会全体居民能够感受到良好的体育公共文化服务和体育产品。

其次就是体育公共文化服务的功能性是可以改善农村和城市之间的落差,填补农村、城乡结合体育场所建设的不均衡状况,城乡的落差得不到改善使得农村无法和城市相结合,一体化的城市管理出现了问题,公共体育资源投入还存在一定的不足,基层的体育公共文化服务在能力上相对于无力,服务的质量不平等性有差距,这样的状态会让政府的掌管职能过多,资金调动分配方面能力过小,综合来说,体育公共文化服务有力地促进公共文化服务平衡性的提升。

除此之外,体育公共文化服务的功能发挥,有利于创新和创业体制的建立,创新更适合于当下体系组织,政府和企业市场以及外购集团的结合同力发展体育文化服务文化所被人们需要的体系制度。政府当前对体育公共文化服务提供能力尚未得到满足、体育公共文化服务的市场缺少参与有效制度激励和补偿机制,其他外来企业或者是外购的资源积极性不高,会成为以后体育文化发展道路上的一个首要问题,这样的问题体育公共文化服务的功能能够解决这一障碍,能够实现资源共享、优势互补以及责任分担等方面的问题。

总体而言,体育公共文化服务自身价值是可以有效推进并使体育公共文化服务的供给和需求得到平衡,能够让每个公民都享受到基本的体育公共文化服务,这对于维护社会公平、缓和社会矛盾以及促进社会和谐都有着至关重要的作用。

四、体育公共文化服务的地位和作用

体育公共文化服务是我国公共服务的重要组成部分之一,其随着社会的不断发展而逐渐受到重视,而体育公共文化服务的均等化也是发展体育公共文化服务的必经之路,这样的做法对创新体育公共文化服务的搭建起到了重要的作用。体育公共文化服务是构建和谐社会的重要部分,公共文化服务首先讲的就是"公共",也就是每一个公民都有权力享受或接触所提供的所有信息与服务,其中公共文化服务模式上和内容上都是以多元化、丰富多彩为主,对于体育公共文化服务而言,建立公共文化服务有艺术欣赏的作用成分,只有体育公共文化服务事业不断发展才能够有效促进我国公共文化服务事业的完善。

体育公共文化服务越来越成为人们生活中不可或缺的一部分,随着社会的不断发展,以及广播媒体的不断进步,体育逐渐比电影、电视、音乐等更加深入人心,尤其是伴随近些年体育事业的不断发展,以及不同体育比赛的传播和推广,使得更多的人都关注体育。向广大的群众提供相应的体育公共文化服务能够在一定程度上满足人们对于体育文化服务的需求,还能够有效促进我国体育事业的发展和进步。就体育公共文化服务本身来讲,其中心思想就是"公共",体育公共文化服务的相关资金是由政府承担,文化机构进行免费提供,使得每一个公民都能够享受到体育公共文化服务,这对于提升群众的体育参与兴趣和身体素质都有着重要的作用。

随着人们对于精神文化的需求不断增强,我国的政府在职能转变的过程中提出了要建立起公共服务型的政府,所以公共文化服务的建设也是搭建服务型政府的重要动作。另外体育公共文化服务还能够促进旅游、建设、服务等方面的发展,为更多的人提供更多的就业机会,能够有效地为公共文化服务提供更多的资源,最终能够让政府为群众提供更优质、便捷以及更全面的文化服务。

五、体育公共文化服务与体育产业的关联

体育产业的特点和体育运动的特性息息相关,由于体育运动具有全民参与的特点,因此体育产业呈现门类多、产业壁垒小的特点。大众参与体育运动不存在限制,任何人都可以根据自身的需求,选择体育运动。体育产业发展,具有较低并且容易进入的市场门槛,具有伸缩性强的特点。体育内容多样,既具有专业性高、技

战术要求能力高、规则复杂以及专业装备要求高的专业体育项目，又具有专业性低、技战术要求能力低、规则简单以及专业装备要求低的一般性体育项目。互联网的快速发展也带动了体育产业的发展，网络传播为体育精神的传播提供了新的途径，体育活动的组织也相对更为容易，例如，马拉松、自行车等运动项目逐渐成为大众较为普及的运动形式，越来越多的体育活动，以自主组织的形式开展。体育产业发展逐步呈现出扁平化的发展趋势，所谓体育产业扁平化发展是指体育产业的融合性越来越强，和其他类型产业的界限越来越模糊，体育产业朝柔性化的方向发展。体育产业经济效应强，体育产业带动其他产业发展的效果较为明显，在与其他产业的促进发展中，逐步形成了较为完整的体育产业价值链。

体育公共文化服务是对大众体育文化需求的极大满足，尤其是基层体育公共文化服务，在为大众提供体育文化服务，提升大众体育文化水平，促进社会和谐发展方面发挥着重要的作用。体育设施是体育公共文化服务的基础组成部分，体育产业发展获得经济收益的同时，对于体育公共文化服务的构建也意义重大，体育公共文化服务与体育产业之间的相互关系如下所述：

第一，服务基层公共文化服务体系，发挥体育产业社会效益。

体育公共文化服务体系构建，尤其是在基层体育公共文化服务体系构建的过程中存在的显著性问题，包括供给不足、结构失衡和非均等化严重三个方面。基层公共文化服务体系由于自身的限制，在各类基础设施的建设方面都和城市具有较大的差异，不仅仅体现在经济方面，在文化事业和文化产业方面的发展也较为落后。整体而言，基层人民的生活质量水平也在不断提升，物质生活的丰富，带动了精神需求的提升，大众对文化需求的提升，为体育产业的发展提供了广阔的空间，但是供给不足阻碍了体育产业的发展。大众对体育公共文化服务需求不断提升，对体育参与可以投入的资金也不断增加，进一步刺激了民众体育文化需求的提升，并且体育文化需求的多样化特征逐步凸现出来，不同年龄、不同季节大众对体育文化需求都不同，此外在体育项目的需求方面也体现出一定的差异性。

对于体育产业的发展，在增加人力资本积累，促进城市化进程方面，发挥着重要的作用。体育产业促进了大众体育参与度的提升和人民生活水平的提高。体育产业发展中，体育赛事和体育活动的组织开展，是对大众体育文化生活的极大丰富。体育产业发展所带来的体育设施和产品的增加，是对大众锻炼和消费需求的满足，对促进大众身体素质的提升意义重大。总体而言，体育产业发展，有利于聚集群众力量，进而促进城市化进程的推进。有学者在研究中指出，体育具有一定的社会功能,体育产业的发展可以带动一个城市的发展,增加城市的包容度,有利于现代化城市的建设。此外,体育产业的社会功能还体现在对于城市文化品牌的构建方面,不同城市的地域产业各具特色,强化体育精神的感染力,树立城市体育精神,是城市文化丰富的组成内容。综上所述,体育产业的发展有利于扩大基层体育服务的影响力,促进基层体育公共文化服务和消费水平的提升。

第二,体育产业平台化是推动公共文化服务体系建设的重要路径。

体育产业是体育事业的重要组成部分,体育产业平台化是促进体育产业发展,完善体育公共文化服务体系建设的关键。一方面,体育公共文化服务体系的构建,需要以相关理论为基础,而体育产业平台化正是体育公共文化服务体系构建的理论基础之所在。另一方面,大数据互联网技术以及文化企业的发展为体育产业平台化奠定了技术和实践基础。所谓体育产业平台化就是指以体育产业发展、体育服务设施建设为基础,带动劳动、资本等生产要素向基层转移,完善基层公共文化服务设施,丰富基层居民体育文化生活。这要求充分发挥体育产业范围经济,以体育服务为载体,集聚社会闲置资源,推动基层公共文化服务体系建设的市场化。体育项目落地快,门槛低,以此为出发点,迅速满足基层群众的体育文化需求,在体育产业辐射下,进一步完善相关公共文化服务。

第二章　现代社会发展新特征

本章提要：

从心理学和美学角度上看,美好一词主要指的是人对于事物的审美体验和感受。而所谓美好生活则是指人们对社会发展的过程、结果以及状态的一种美好体验和感受,即所谓的获得感、幸福感和安全感。本章从不同的几个方面来认识现代社会发展的新特征。

第一节　社会生产力方面的转变

一、社会生产力的概述

狭义的自然生产力在一定某种程度上所指的仅仅是人类可以进行再生的自然生产力,即能使人类创造新鲜和财富的生产能力。而从纵向和横向对经济生产力层级进行维度划分时则可以将其再细分为企业个人经济生产力、企业经济生产力、社会经济生产力;从时间效度上对经济生产力层级进行维度划分时则可以将其再细分为短期经济生产力、长期经济生产力;在性质层次上对长期生产力性质进行层次划分时又可以将其层次分为长期物质精神生产力、精神物质生产力。生产力管理作为企业生产管理系统的主要组成功能之一,生产力管理系统的基本组成主要成分包括生产劳动者、劳动资料和其他劳动经济对象。只要一个生产力管理系统的内部结构对称,生产力就会随之快捷发展;反之,如果一个生产力管理系统的内部结构不对称,生产力系统发展的速度就可能会随之变得缓慢。而这也恰恰充分说明了提高生产力资源结构的对称合理程度与提高生产力的综合发展利用速度之间有着密切的关系。因此提高生产力结构发展速度是社会主客体相互作用、资源循环再生、综合利用的必然结果、是我国社会主义系统经济发展的一个重要功能。

自然生产力和社会生产力是生产力主要的两种体现形式,而想要了解社会生产力就必须对自然生产力有着足够的认识。自然环境生长的动物自然采集或狩猎的对象以及自然环境形成的生产资源,这些都不是由自然社会经济生产创造出来的劳动成果,但却具备了较高经济价值的产出成果,这些具有较高价值的产出成果都是自然生产力的表现,都是自然力量下产生的资源,是人类社会以及社会生产力在不断发展过程中不可或缺的资源。一切社会的发展,都离不开大自然,都源于大自然。

以社会化生产为主体,社会化生产出的有价值的劳动能力本身就是一个社会化的生产力。社会的自然形成也就是以自然为基础存在的社会主体。社会与自然的唯一根本区别其实就是在大自然里面没有了一种社会性质的动物。在整个人类的劳动主导下的由社会劳动产出的一切人类劳动的最终成果都已经是人类社会劳动生产力的重要表现。社会生产力主要是由自然生产力的一种基础活动发展而来,虽然自然人的生产不会因自然人类的共同存在而持续进行,但对于社会人的生产却是需要完全依赖于自然人的生产,没有自然界的生产和人与人之间的相互作用,就不会说只有整个社会上的生产,没有自然界的生产力,就不会说只有包括人类以及其他自然物种的组织出现,更不会说只有整个社会生产系统的组织出现,也就是说没有一个社会缺乏生产力的现象出现。因此,社会上的生产力不仅是人类发展了自然界的生产力,自然界的生产力也是在人为的相互作用下不断转化而形成的。没有自然社会生产力就可能没有这种社会自然生产力的现象出现,而如果没有这种社会自然生产力,自然社会生产力也就可能得不到持续发展和不断提高。二者相辅相成,共同组成了我们所认识的生产力的主体。而社会生产力的主要目的也是对自然生产力进行改造,同时也是为了人类能够拥有更好的生活环境以及幸福美好的生活条件。

二、发展社会生产力的意义

社会生产力作为人类获取财富的重要能力,也是人们获取财富的重要途径。

而能够创造财富、参与创造财富的过程或者为创造财富提供了条件这些都是社会生产力的体现。例如,劳动力、生产资料、生产工具这些都是直接创造财富的生产力,像厂房这样参与创造财富的或者为创造财富提供了条件的也是生产力。

企业的运作离不开生产,同时企业的生产也离不开劳动力、生产资料、生产工具、厂房等生产力。所以说,生产的过程就是创造价值的过程,也是创造财富的过程。

在社会主义发展的过程中,不断发展生产力,继而不断创造比现代资本主义更高的人均劳动生产率则是经济发展的内在要求。因为只有这样才真正能够在经济发展的过程中,不断提高我国人民的基本物质精神生活水平,从而实现人民共同富裕的目标。和谐的社会环境是建成具有中国特色社会主义的基础。生产力的发展和建设和谐社会之间是相辅相成的。

三、社会生产力的转变

在不断发展的一条具有鲜明中国特色的现代社会主义的发展道路上,发展新的生产力就是发展社会生产力,社会生产力的本质转变主要取决于生产力和生产关系之间的相互作用和相互运动,而这也直接构成了社会生产力和生产关系之间的内在与实际本质的相互联系。在现代历史唯物主义中,生产力与生产关系之间必须要相互适合,这是生产力社会发展必然状况的基本规律。而其基本理论内容则主要是通过社会生产力制度来直接决定生产关系,并同时直接决定生产关系的基本性质和其在社会发展中的过程及其中的重要变化及其方向;而生产关系对于社会生产力的直接反作用则还是必须要直接取决并始终服从社会生产力持续发展的客观规律要求。而这一历史规律也向现代人们面前显现出,在现代人类社会发展的历史过程中,尤其特别是在生产方式的矛盾变化运动中,生产力始终是非常重要的一个决定因素;生产关系的基本性质和功能发展如何变化,生产关系的本质转变以及这种转变的基本方向和表现形式,在一定很大程度上都是需要完全取决于人类生产力的本质发展和转变需要。

生产关系发展要完全适应于人类生产力的基本发展规律状况,而这一发展规律也是当前我国深化经济体制制度改革的重要理论实践基础。只有合理正确运用这一发展规律,才能够更好地对当前我国正在进行市场经济体制结构改革的这种必然性和必要性有着深刻的认识。

目前我国正处于社会主义发展的初级阶段,社会生产力的快速发展仍然是推动我国走向社会主义发展的长期道路上的一个重要推动力。随着中国时代的进步,社会生产力也在发生着改变,而社会生产力的转变是中国特色社会主义发展道路上的一大重要转折点,是助推我国进一步加快社会主义初级阶段进程的重要力量来源。因此,在社会生产力转变的过程中要切实注意以下两点:

第一,我国的市场经济体制改革确实是我国生产力与生产关系矛盾分化运动的一个必然结果。我国的特色社会主义生产关系一定是与我国实际国情和特色社会生产力的健康发展重要程度相互对应匹配的,所以才能够在运作的过程中不断地推动我国特色社会生产力的不断的健康发展。但现如今在我国的整个社会主义生产关系中还依然存在着一些不适合社会生产健康发展的直接影响因素和关键环节。所以,我们想要认真有效地促进社会生产力更进一步的健康发展,就必须对现阶段我国的整个社会主义生产关系尤其是现阶段市场经济体制中可能阻碍社会生产力发展的一些影响因素和环节进行改革,并充分发挥社会主义生产关系的优越性,进一步加快我国社会生产力的结构转变,以此进一步地完善、解放和发展社会生产力。

第二,生产关系理论要更进一步把握适应社会生产力的科学发展及其现状的基本规律,而这也恰恰是当前我国深化经济体制结构改革和探索建设特色社会主义国家初级阶段市场经济体制的重要理论依据。但从经济整体情况来看,现如今由于我国的经济整体的社会生产力发展水平和整体生产经济社会化发展程度依旧不高,这也必然使得未来我国的整体经济社会发展必然出现严重失衡的发展状态,生产力发展水平和生产社会化发展程度必然出现参差不齐的发展现状。而当前我国的特色社会主义生产力发展过程中出现这种低水平、多层次以及不平衡的社会现象也将长期存在。这种多样化、多层次的社会生产力以及不同的阶层生产关系社会化发展程度,在很大程度上直接导致了目前我国的生产关系可以具有多层次和具有多种形式。这也是自我国改革开放以来,党中央在认真总结了在以往发展生产力的过程中出现的问题和吸取以往发展社会生产力失败的经验教训后,对我国的社会生产关系进行的充分结合我国生产力发展特点的改革。而在改革开放后我国在分配制度上,确立了以公有制为主体,多种经济成分共同发展的基本经济制度;在经济体制上,我国实现了由传统计划经济向市场经济的重大转变。

四、影响社会生产力转变的因素

影响社会生产力转变的重要因素虽然是有很多方面的,但这些重要因素在机缘巧合下互相组合并联系到了一起,继而共同组成了一个巨大且结构复杂多变的社会系统。在这一管理系统中,劳动力和其他生产资料成为直接影响国家生产力结构转变的第一管理要素;而科学技术则成为影响生产力转变的第二要素;最后则是将以上要素进行整合的以经济管理为主的第三要素,以上三大因素则构成了影响社会生产力转变的主要因素。

(一)生产资料

每个国家之间的自然资源的分布是极不均匀的,自然资源多的国家存在生产增产的可能性,但这还是需要劳动力的进一步充分开发和综合利用才能不断地转化为更加符合现实需要的生产力。由此可见良好的自然资源能量储备是发展农业生产力以及加快我国农业生产力结构转变的重要基础,但并不是发展生产力的来源,而其来源则是劳动者通过劳动凝结而来的。除此之外,以自然资源为主导的农业和工矿业在劳动上是受到自然资源的限制的;因此,经营垄断良好的自然资源是发展生产力的先决条件。

然而,随着人类社会的进步与发展,自然资源已可以被改变,但依旧需要时间的迁移才会显露出来。其中科学技术的发展和进步是改变自然资源使其更好地被人类利用的主要推动力,可是即使自然资源可以被人类利用科学技术去改变,其服务于生产所具有的变异性以及被改变后所产生的新的差异性变化都会对现代社会生产力的发展造成不同的影响。但这种影响正随着现代科学技术的不断进步与发展逐渐在减少和被削弱,现代科学甚至已经做到了利用人工合成的材料去代替原有的自然资源,人工合成材料在一定层度上克服了自然材料的局限性,能够进一步促进生产力的发展和转变,继而减小自然资源对生产力的影响。

自然资源作为发展生产力的基础,虽然其对生产力的影响正在减小,但依旧是发展生产力的过程中不可或缺的一部分。而正如英国古典政治经济学之父威廉·佩第所讲的那样,在现代社会经济生产中,劳动生产是其父,土地生产是其母这一客观事实。而自然资源的消耗是不可逆转的,其总量也是有限。因此,人类应当将发展的战略眼光放得更加长远一些,更加合理地利用自然资源,避免浪费和破坏自然资源,以免遗祸于子孙后代,后患无穷。

(二)劳动力

劳动力对于社会生产力的影响多表现为工业劳动力的数量、质量以及构成等方面。我国在改革开放的 40 多年里,经济的飞速发展,生产力的不断提高,无一例外的都是依赖于大量劳动力的投入。而在劳动力数量固定的情况下,要想提高生产力就必须通过增加劳动时间和劳动强度又或者是通过增加劳动量的方式来达到增加生产总量的目的。而工业劳动力之所以能对社会生产力的快速发展和转变产生重要影响是因为工业劳动力本身的质量,其中包括其中劳动力对劳动的态度、劳动力掌握现代科学技术水平的程度以及其身体的健康程度。高质量的劳动力能够更好地与先进的机器相结合,从而更好地发展生产力。而工业劳动力的产生主要是由工作职业和科学技术构成的。物质生产与非物质生产以及其内容涉及各部门劳动力的分配计划,都会对物质生产与精神生产的数量和质量产生影响。而劳动力的技术构成则能够决定生产的有机构成,继而决定生产现代化的程度与劳动生产率提高的程度。

在科学技术飞速发展的今天,人们对于劳动力的要求越来越高,而劳动力在生产过程中也逐渐完成了由农业劳动力到工业劳动力的转变;同时,体力劳动者的数量正在逐渐减少,而脑力劳动者的数量正在不断增加;劳动者在社会生产过程中运用体力劳动的比重正在逐步下降,取而代之的则是脑力劳动的日益增加,而这一转变主要还是因为科学技术在社会生产中所占比例的日益增加。这些转变也进一步反映了社会生产从手工劳动到机器劳动的快速转变,这也体现了现代科学技术对劳动力的渗透和改造作用。

(三)科学技术

马克思在《政治经济学批判》中明确指出,现代机器、机车、电报、自动棉纺织机等都是物化人类智力的重要体现。而一般社会知识、学问在很大程度上已经成为直接生产力。在科学技术的影响下,现今多数的生产已经逐步由手工生产转变为机器生产,由体力劳动转化为脑力劳动,由此创造出的社会生产力也逐渐地转变为智力劳动的成果。

科学信息技术的快速发展使科学技术与社会生产两者之间的关系变得更加密切。而现代科学技术不仅可以作为一种生产力,同时也在生产力转变的过程中起到了重要的作用。更加说明了科学技术不仅是生产力,更对生产力的发展和转变起到重要的影响。劳动者在掌握科学技术后,能够将科学技术进一步转化为劳动工具,并克服原有劳动生产过程中的限制,继而提高了生产效率。科学技术的发展提高了生产过程中自动化的程度,在拥有同样数量劳动力的情况下,所生产出来的产品数量能够达到以往的数倍之多。

科学技术的发展是一个不断累积的过程。科学技术的发展具有累积性的规律,而这种规律则是源于发展科学生产力技术本身所必须具有的继承性、综合性以及累积性,它是集生产、科研、技术三位一体,互相协调,互相促进。

随着科学技术的不断发展,其逐渐地成为衡量一个国家生产力的重要体现,具体来说就是一个国家所掌握的科学技术越发达,其在生产过程中的技术装备就越先进,而先进的技术装备则需要通过更新固定资产,增加固定资产的投资来获取,而这也将进一步拉动生产并提高经济效益和生产力。因此,生产力的转变万万离不开科学技术的发展与推动。

(四)经济管理

经济管理作为发展和转变生产力过程中一种自我调节和控制的方式,其对于生产力转变的影响虽不如生产资料、劳动力和科学技术这三者所占的比重大,但依旧是能够左右生产力转变的重要因素之一。而经济管理对于生产力转变的影响主要是通过组织协调各方面影响,从而调配生产发展因素而进行的。在当今社会的生产过程中,经济管理所体现出来的价值越来越大,其与科学技术中的技术设备所产生的生产力并称为当今社会现代化生产运行中的两大主要社会生产动力。而现代科学信息技术的快速发展,也正促使工业生产变得更加趋向社会化、专业化、协作化以及更加自动化。因此,为了切实加强对整个生产经济过程和整个生产经济社会活动过程进行科学监控,我们必须要严格进行科学的生产经济活动管理。

有效的经济管理不仅能够帮助有可能的农业生产力转化为现实的工业生产力,更是促使社会生产力发展的实体要素进行最佳配比和组合,并发挥其最大的作用,从而形成一种集体力、组合力、协同力以及控制力,继而产生一股强大效应的催化剂。使经济管理对社会生产产生放大效应,主要来源于合理分工所形成的激增力相互协作形成的集体力劳动力之间彼此相互联合所形成的优势力以及相互竞争所形成的推动力。经济管理作为一种更高层次的生产力,与科学技术一样都具有累积倍增的特质。而科学管理虽然也需要付出一定的投资,但却能够换来更为巨大的经济效益。

从古至今,在生产力发展和转变的过程中人们往往过分重视和依赖先进的科学技术所带来的巨大生产力,故而忽略了依靠先进得管理方法所产生的生产力。尤其是有着小生产的习惯势力,常常把严格的经济管理制度看作是一种对个人的束缚力,而实际上只有科学的、先进的管理恰恰才是引起生产飞跃发展的组合力。由此,也体现出了经济管理在生产力转变过程中的重要地位。

第二节　人民需求方面的转变

党的群众路线教育实践活动明确要求必须将人民群众所关心的突出问题放在首位,继而提高为人民服务的工作能力。除此之外,深入了解并把握人民群众的迫切需求更是践行群众路线的前提,也只有将人民心中所需所想放在首位,才能够更加有针对性地为人民群众解决其所关心的切身利益,继而更好地践行以人民为中心的发展路线。现如今,我国民众的需求相较以往又出现了一些新的变化,呈现出一些新的特点。这些年来,我国全体国民的人均收入水平得到了不断提升,生活条件和水平也得到了不断地改善,中产阶级收入水平的人群正在不断地发展壮大,社会保障服务体系已经覆盖了大多数的人民群众,社会保障服务水平也在不断提升。医疗卫生服务体制机构的改革正在不断地深化,医疗卫生事业服务水平已经得到了较大幅度的提升,由此直接为我国人民的医疗健康和平均寿命带来了大幅度的提升。在"住者有其屋"的政策指导思想下,保障性商品住房、廉价住房制度建设的不断深入推进,使得很多低收入家庭人群能够真正拥有一套属于自己的住房。在脱贫攻坚战略不断地深入推进下,脱贫攻坚战已经取得了不错的成绩,目前我国贫困人口发生率已经下降到 4% 以下,自改革开放以来已经有数亿人口实现了基本脱贫,这已经成为我国人类社会发展史上的一个历史奇迹。从人民平均 GDP(国内生产总值)来看,目前我国的人均 GDP 已连续两年超过 10000 美元,已经基本达到了中等发达国家的平均水平。文化产品的资源供给得到了极大的丰富,文化事业持续发展的能力水平越来越高。

一、精准把握人民需求转变的方向

随着社会的发展及人们思想观念的转变,服务需求的层次、内容、形式、主体等都有着重大的转变。另外,我国国民收入水平的持续提高,也是导致人民需求发生转变的原因之一;这也使得需求的结构不断改善,人们在需求方面也从注重量的满足向质的追求方面发生着转变。而从不同的角度来看,其所发生转变的方向也各有不同。

从人民需求的对象来看,正由物质的需求向非物质的文化方面逐渐转变。根据相关调查统计显示,当一个国家的人均GDP(国内生产总值)总值达到3000美元的时候,这个国家的人民则才会开始逐步进入到精神物质文化消费和社会精神物质文化消费并重的一个阶段;而当人均GDP(国内生产总值)超过5000美元的时候,人民才会由精神物质文化消费和社会精神物质文化消费并重的阶段转变为以精神文化消费为主的一个阶段。现阶段我国人民的人均GDP(国内生产总值)已经连续两年超过10000美元,且已实现了现行标准下9899万农村贫困人口全部脱贫,完成了消除绝对贫困的任务。因此,随着我国人民消费水平的不断提升,人们的物质生活消费水平得到很大提升的同时,人们对于精神文化的需求也在不断地提升,并达到了前所未有的高度,人民对于精神文化享受的愿望也表现得更加强烈。另外,随着我国经济社会转型,人民所承受的心理压力不断增大,而这也使得人民对于精神的满足更加看重。

从人民需求的层次来看,人民需求的层次正朝着高层次的需求逐渐转变。现如今,我国在各个方面相较以往都有了较大的提升。因此,人民群众的需求也朝着更高层次发展,具体则表现为人民对于法律、秩序、品质、道德等精神方面追求开始日益突出;除此之外,人民群众的主体意识、权利意识也越来越突出,而这也就导致人民群众在自身利益的维护上以及自身价值的实现方面都越来越突出。

从广大人民群众需求的构成结构来看,人民需求的构成正朝着更加综合性的方向发生转变。中华人民共和国成立之初,百废待兴,物质匮乏,因此人民的需求往往都是单一的,并主要以解决温饱问题为主。而随着时间的不断推移和社会经济的不断发展,人们的生活条件和社会财富都有了一定程度的改善和积累。因此,人们的需求也变得越来越复杂。但要想满足这些需求,往往需要调动大量的社会资源和社会力量。

现代社会的飞速发展,使社会变得更加开放化和多元化。由此使得越来越多的人开始走出自身狭小的私人领域,走进社会这个更加宽广和开阔的公共领域,这也体现了人具有的社会属性的特点原来越突出,个人需求也越来越多地具有了这种社会属性。人民所关注的也不仅仅局限在他们个人的日常生活工作领域,而是变得越来越社会化;同时,人民的家庭需求也正在逐渐扩大为公共需求,尤其是对于公共产品以及公共服务需求的依赖性日益增长,这也使得公共管理权力、公共安全以及公共人力资源等社会问题进一步成为备受我国社会关注的一个热点话题。

以社会财富为基础,人民需求逐渐体现出个性化和多元化的特点,而这一特点所带来的现象则是单一产品不再能够满足每个人的不同需求，而每个人也各自有着各自不同的需求和想法。

在我国实行改革开放政策之后，人民的需求水平也开始发生转变，这也就直接导致了目前我国社会城乡之间、地区之间、行业之间、人群之间、个体之间对于经济社会需求水平逐步拉大。除此之外，社会经济的不断发展也使得广大人民群众的需求也始终处于不断地变化之中；同时也导致了人民原有的需求还未完全满足，新的需求就已经出现。

二、满足人民需求的同时更好地坚持群众路线

作为社会发展的产物，人民群众的需求从社会建立之初便一直存在，并始终处于不断地变化之中。要想更好地践行群众路线，就必须以把握人民需求为重点，通过多方面的努力，在满足人民群众现有的一切需求的同时，着重去把握当今社会不断出现的新需求。无论是人民群众现有的需求还是出于不断变化的新需求，都离不开精神文化、公共产品和公共服务以及自身的直接利益这三个方面。

首先是人民对于精神文化方面的需求。所谓精神文化是指人类在从事物质文化基础生产上产生的一种人类所特有的意识形态，它是人类各种意识形态的集合。而要满足人民群众的精神文化需求，就必须从公益性、基本性、均等性以及便利性的角度出发，以文化基础设施建设为根本，进一步完善公共文化服务网络，从而让人民群众广泛享有免费或优惠的基本公共文化服务，满足人民群众的精神文化需求。除此之外，还要进一步加强和改进思想政治工作，更加注重人文关怀和心理疏导，引导人们树立正确的世界观、价值观与人生观，培育自尊、自信、理性、平和、积极向上的社会心态，让人民群众拥有更充足的幸福感。

其次是人民群众对于公共产品和公共服务的需求。所谓公共产品多数是对私人产品的对称，是指具有消费或使用上的非竞争性和受益上的非排他性的产品。公共产品，亦称"公共财货""公共物品"。而公共服务则是21世纪公共管理的重点工作，包括加强城乡公共设施建设，发展教育、科技、文化、卫生、体育等公共事业，为社会公众参与社会经济、政治、文化活动等提供保障。一般来说，人们对于公共产品的需求主要集中在民生教育、医疗卫生、就业以及社会保障等方面，大多以自身的衣食住行为主。而对于公共服务的需求则主要集中在生态环境等关系人民群众生命安全、身体健康和生存质量的重要领域，并大多体现在社会治安、社会稳定

等基本的公共安全环境方面,强调政府在发挥其主导作用的同时,还要进一步改进公共服务的方式。总体来看,人民群众对于公共产品和公共服务的需求主要是以强化社会组织在公共产品和服务提供中的职责为主要目的。

最后则是人民的直接利益背后的价值诉求。人民需要政府从根本上创建一个民主法治、公平正义、诚信友爱、安定有序的和谐社会,从而使民众的生活具有公平感、归属感、安全感;人民需要一个充满活力且高效的公共管理,所有社会成员共同享有人生出彩机会的活力社会,从而使民众的生活具有成就感。

第三章　新时代体育公共文化服务领域存在的问题

本章提要：

新时代体育公共文化服务领域存在的问题主要体现在供给主体结构单一、供给模式创新不足、供给产品设计不科学、文化活动不够丰富、场地供给不足等方面，由于供求矛盾的影响，我国体育公共文化服务领域供给存在结构性失衡，这严重影响着新时代体育公共文化服务领域的发展，而解决这一问题的首要方式则是要增加体育公共文化服务领域专业人才的数量和质量。

第一节　供求关系特征

一、新时代体育公共文化服务领域的供求矛盾

（一）供给主体结构单一

体育公共文化服务领域为公众提供了社交的场地，通过体育公共文化活动，人们可以在一起交流、沟通、学习以及分享彼此的兴趣爱好，而这些活动的开展，大多依靠资金流通较好的企业赞助或者是当地的政府部门扶持，经过规划、准备工作、在进行场地的建设、定期扶持一些体育用品和场地的维护工作，虽然随着人性化观念的深入人心，一些地区出台了新的政策，即在进行购买商品时，运用当地的企业

和市场的力量增加商品的数量,但这一方案实施起来需要地方政府进行协调和统一,需要统一指挥才能有效实施,有关部门筛选的采购公司都不是政府性的,这些单位在得到另一方力量的时候往往能够参与其中的很少,外贸企业也没有得到很好地利用,体育服务的多样性受到了限制,在社会上也有一些体育服务器材的中间商,在地方政府约束力影响下,很多企业和员工个人参与度大大降低了。

(二)供给模式创新不足

体育公共文化服务领域的发展成为城市中不可缺少的公共空间,而一个具有交流性、传播性、公益性的体育活动是为城市文化建设开辟了一条明亮的道路。首先是公共文化服务供给缺乏整体规划和完善体系。其次是在供给机制上,社会及市场的参与度不高,产品销售也随之会受到影响。第三是产品销售的问题,在设计产品长远发展的道路上没有切实有效的方案,没有更多的卖点,产品在进行销售时不能及时找到不足的地方加以优化,群众的反馈力度没能达到预期的效果。现阶段,体育公共文化服务领域的整体规划大多源于相关的政策文件,以大局入手,虽然有助于把控体育公共文化服务领域的整体发展,但缺少局部管理的相关政策,使得体育公共文化服务领域服务与基层人民群众的契合度低。由于体育服务没有规划性,没有派专门的人进行分区域式的针对性管理,不利于全面体育公众文化服务在社区居民中的推行,缺少科学性的体系,只依靠地方政府的扶持帮助的现状会降低社会居民参与的积极性。

(三)供给产品设计不科学

供给产品设计不科学,群众对公共文化服务产品的满意度低,产品的设计是用来给群众提供更好服务的收益,所以产品要以群众的角度去设计,以便于更好地满足大众的需求,现在的产品生产上有一定的不足,数量上的供给和群众实际需要的数量上存在一定的距离,其次就是在群众需求的文化产品上缺乏改善,我们需要根据当地居民的特点与文化特征进行针对性设计、根据人群的不同来区分文化产品的服务制度,体育公共服务文化的设计力度上不够吸引群众,文化宣传的重点要放在正确的引导群众以积极的心态追求文化的过程。全面的来看,产品的构造不具有特点可以说是因为只在乎了产品的表面并没有看产品上的内涵,使产品缺乏特点和相关的服务,正确的文化引导还需要加强。首先是公共服务性的场地建设。其次就是群众只有一部分人可以参与选取产品,这就使政府在抉择时只能选择提供产品的企业的角度来挑选,所以在产品、项目等一系列设施都与群众预想的有一定的落差,无法真正吸引群众。第二,软件类服务发生了一系列问题,大家在参与组织活动的时候没有积极主动的兴致,在组织活动中出现了不合理安排,没按照体育文化需求来完成任务,组织内容乏味,如文艺体育活动、各类比赛等,居民参与氛围不浓厚。第三,个性化不足。不同地区的体育公共文化服务领域未能充分体现出地区特有的文化。中国 34 个省级行政区域,每个区域都有自己的特点,在开展体育公共文化服务时,各地区应结合地区特色,开展具有创新性的活动。第四,优势资源未充分发挥效益,一些地区具有丰富的文旅资源,而现阶段体育公共文化服务领域并未充分发挥其综合效益,公共文化服务还需要优化,如特色的景点解说和当地大舞台的表演等。

(四)文化活动不够丰富

面对人民群众对体育公共文化服务领域日益增长的需求,国家所建设的体育场馆数量和提供的公共服务质量仍需进一步提升。随着国民经济的发展,越来越多的人会把钱花在健身、文化、教育等领域上,像健身这样能够提升自己素养、使身体全方面发展的项目人们都愿意予以投入,在提升自己的过程中,大家的心胸也会变得更加开阔,喜欢的东西也会随之改变,对生活质量要求也有所提升,更喜欢艺术、文化养成的活动类型,在闲暇之余的时间里也喜欢通过自己剩余的时间变成健身活动的宝贵时间,对此,体育公共文化服务领域应该更接近大众的口味和喜好来调整公共文化的多样性,可以定期安排一些大家一起参与的文化活动,促使体育文化活动的多样性,一般的活动仅限于重大节日,往往忽略了活动本身的内在价值,例如,居民的年龄,各个年龄段的都有,举办活动的内容只能做出根据不同年龄段的居民设计不同的方案,更有效的吸引全体人员,满足他们的需求,但是由于现状的条件受到局限,所以参与的人也不多,也就违背了当初设计体育文化的大众性特点。

(五)场地供给不足

场地供给不足是体育公共文化服务领域存在矛盾中较为突出的一点,由于一些社区附近缺少运动场地,健身场所的距离也比较远,以及相关运动器材、设施不完善等问题,导致居民在参与体育活动时,多有不便。对于多数人而言,相比收费的健身场所,更愿意选择在广场、公园、街头巷尾、学校、单位等距离家较近的地方进行体育活动。随着体育健身观念的普及,场地供给不足的问题也日渐明显,此外,一些健身场所上的健身器材年久失修,根本无法使用,影响着体育公共文化服务领域活动的质量。目前无论是大型体育场馆还是中小型全民健身中心,均存在场地供给不足的问题,一些体育公共文化发展较为落后的地区,甚至没有符合国家标准而建设的体育场所供大家健身休闲,人们活动的区域就受到了局限普及与发展,而重新建设理想化的体育场所不是一件简单的事情。符合标准的国家级体育馆在资金上需要投入很多,场地的选择是管理部门需要深思熟虑的问题,因此无法做到大面积投入健身体育场所的建设,考虑其便利性,只能采取就近原则,进行重新建设或者是扩大原有体育场的范围,让更多的人群进行活动,将闲置的东西合理运用起来为大家提供便利,这种落实性的建设比较容易。例如,与山、湖、公园等相依的地区,就可以依山、依湖、依公园建起健身步道;街道和社区则见缝插针辟出健身休闲场地,建起贴近群众的健身俱乐部等,都是值得大力推广的有益尝试。此外,盘活现有的场馆存量,其实是更有可能做到的事情,如将学校体育场地、大型体育场馆对外开放,就可以在一定程度上减轻体育场地供给不足的问题,但目前学校体育场地对外开放这一问题虽然多年来一直在推进,但收效却不尽如人意,一些高校一直倡导的是在学生不用体育场所的空闲时间合理进行对外开放,但是真正落实这一政策的高校却寥寥无几。

在以人民为中心的思想指导下,国家也在抓紧解决各项问题,体育场所不够用、高校不能够提供空闲时间对外来人员合理运用开放,要先拿一些政府扶持的体育场所进行对外开放,让大家都能够享受到公共服务的幸福感,落实到每一个人身上,大力推进体育场所的开放政策,做好检查、抽查,落实体育场馆开放问题,提升人民群众参与体育公共文化活动的满意度。

二、新时代体育公共文化服务领域供求关系的特点体现

近年来,我国对体育公共文化服务领域项目建设的投入不断增加,体育公共文化服务领域的相关设施、体系都在不断完善,但是在体育公共文化服务供给方面还存在一定的弊端,尤其是结构性失衡的问题,严重制约着体育公共文化服务领域的进一步发展。

(一)体育公共文化体系与运行链间的关系

中国的公共文化服务体系建立的时间较短,相对于发达国家而言,公共文化服务机构的规模较小,在运行中存在明显的问题,如需求端缺少表达途径,供给端缺失信息处理环节等。在中国城乡二元性结构的影响下,政府权力对体育公共文化服务领域的干涉程度较大,城乡间公共文化服务领域差距大,相比城市,农村的体育公共文化服务领域的发展相对落后,供求矛盾严重,导致资源浪费、群众满意度低等问题。体育公共文化体系与运行链关系呈现上述问题的原因有以下几点:

第一,反馈渠道不完善。体育公共文化服务的目的在于服务全体人民群众,所以满足不同群众对于公众文化服务的需求是关键。现阶段,我国体育公共文化服务领域搜集信息的渠道和信息管理系统不完善,仅仅依靠问卷调查、座谈会等方式进行,调查对象尚且不能够覆盖全体群众。调查方式单一,群众参与积极性低,导致调查结果不能够充分反映群众的实际需求,加剧了体育公共文化体系与运行链间的矛盾。随着信息技术的发展,现代社会逐渐成为数据共享的时代,目前体育公共文化服务领域能够结合当下网络社会特征,运用微信、微博、短视频等社交平台,让群众参与信息反馈、搜集的机构还比较少。现阶段,体育公共文化服务领域体育文化体系与运行链之间存在关系产生的首要原因就在于,相关部门对信息反馈重视程度不足,没有规范、系统地去搜集和整理不同人民群众的需求,没有根据群众的需求构建相关服务,以提高群众对公共体育文化领域的满意度。

第二,城乡矛盾。我国是一个多民族多文化的国家,地广物博,不同地区的发展程度也不尽相同,这也是体育公共文化服务体系与运行链间矛盾产生的原因之一。纵观中国体育公共文化服务领域的发展,可以看出公共文化服务仅能满足少部分群众的需求、城乡间体育公共文化服务领域发展不平衡、部分群众对体育公共文化服务领域的特殊需求契合度低等。在解决体育公共文化服务体系与运行链间矛盾的过程中,要关注城市居民和农村居民的不同的文化需求和追求,引导农村体育公共文化服务领域的发展,消除不文明的风气。通过改善运行链间的运行方式,将优秀的体育文化向外推广,创造出良好的文化环境。

第三,文化的供给要从切合实际的角度出发,我国体育公共文化服务体系自建立以来,都是由上到下的运行模式,由此导致了体育公共文化体系运行链顶层设计与民众的实际需求不符。不断优化供给过程,提高公共文化服务水平是体育公共文化服务领域亟须改善的。产品的设计和文化的改善都需要从群众需求的角度出发,定时安排调查和督促的工作要把产品和群众的意见做到及时反馈。要了解当地的文化风俗和特色,针对性地调整优化人群的分化,制定具有浓厚地方文化特色的服务,强化配送之间流程的体系,完成有效快速准确有质量的配送过程。

(二)群众合理需求和实现政府管理职能间的矛盾

我国体育公共文化服务实行的是中央到地方统一的管理模式,政府既是规划者,又是统计和调查工作的组织者,但我国相应的管理制度正在转变——从国家监管到群众共同参与。但传统计划经济时代的行政干预式管理短时间内不可能转变,导致其与体育公共文化需求之间的矛盾日益突出。监管和调查的位置很重要,掌握着系统的及时反馈问题。这个位置还属于空缺的状态,为了避免不必要的问题发生,保护群众的切身利益着想,需要大众和政府部门协调出一个位置来控制问题的发生以便及时解决问题。从群众合理需求和实现政府管理职能间矛盾产生的原因考虑,产生矛盾的原因有以下几点:

第一,政府管理部门政企不分。一般来讲企业都是以获得经济效益为主要目的,政府的规划得不到群众的合理需求状态,就会出现政府管理职能越位的现象。

第二,政府管理职能存在错位现象。在体育公共文化供给链中,应包括很多详细的信息,寻找合适的资源、资源的排版、对需要的内容进行制定计划,后期的一系列任务就是要把项目改善落实下来,专门看管此项的管理者进行定期的反馈和进度的跟踪,这一系列的步骤都需要安排妥当,不能只是简简单单的规划。

(三)市场化导向和遵循现行行政体制的矛盾

僵化的行政体制会影响体育公共文化市场的发展,体育公共文化需要开展广泛的宣传,政府提供的良好物资进行不平衡的分配,体育公共服务缺少有效的文化指引,不透明的决策会使大家没有参与积极性,根本不存在文化的氛围,公共服务的质量没有提升,最后的业绩自然也会下降。

第一,公共文化服务提供的程序有待完善,需要遵循科学的运作规律。

第二,社会的改变需要群众的积极参与,改善现状需要从根本入手,以政府为主导地位,市场发展为主体,群众则是履行最后的选择权,外包的项目按规章制度进行就可以,政府主要负责大体的规划和采购的形式,主要是让群众要对社会公共文化服务进行参与抉择,在最后完成时群众要达到满意的理想程度。

(四)体育公共文化管理与公共资源投资效益的矛盾体现

体育服务是为需要的群体提供良好优质的平台,让群众追求正确的文化指引的服务特征。要了解公共服务是公益性的代表,拉动社会的群体人员参与社会活动以发现有利的资源并进行合理的安排,良好的开拓闲置的物资让其有成效,要先从公共管理着手,管理优化运营,从体育公共文化管理与公共资源投资效益矛盾产生的原因考虑,产生矛盾的原因有以下几点:

第一,要以群众为主体,提供供给的一方生产的产品对于主体的群众来讲不具有正确引导和满足群众的问题,公共的建设需要以群众的想法落实,否则会出现群众和供给方的不理解,公共文化服务开展活动时可以把社区能歌善舞、喜欢表演的民间艺术舞蹈者组成一个团队,作为团队的领头队伍,拉动群众,组织大家积极主动地参加活动。

第二,在基础工作上要增加创新的思维,不要只是单一地寻找一处供给单位,合理地调动企业和职员,明确分工体系,一对一地采取措施,逐个解决问题,改变现在实施的体系,提高大家对于活动的兴趣度,使大家都能够积极踊跃地参加,发现有利且被搁置的场地进一步建设成有利的公共服务文化场所,针对性地去解决问题,把资源发挥到最大的效能。

三、新时代体育公共文化服务领域供求关系形成的原因分析

(一)行政体制和政府管理职能的制约

随着我国经济的发展,人民群众对体育公共文化服务领域的追求日益丰富,而目前体育公共文化服务领域所能提供的服务远远无法满足人民群众的需求,供求矛盾日益严重。可以从两个角度分析这个问题。首先,决策是属于行政管理的范畴,领导负责分配和最后的决策,员工负责完成任务的传递,这种行政管理层面占据了大部分的市场,只有少部分的市场参与,阻挡了多元化市场的发展。行政体制和政府管理职能的制约,导致供给与需求契合度低,文化供给效率低下。因此,行政体制和政府管理要结合本地实际,丰富体育公共文化活动,提高体育公共文化服务的工作质量。

(二)供给侧决策机制不完善

新时代体育公共文化服务机制是以人民为中心为指导思想的,相关领导机构和管理人员负责和市场的主导和沟通。两方面的双向互动,如融合式服务、定制式服务、配送式服务等,加大公共文化服务的范围和影响力,让更多的群众都能感受到体育公众文化服务的过程。多种渠道从群众的角度了解他们的想法和需求,但这些往往还不够,有些群众是不做抉择的,而且选择的板块会很少,在传递信息时会出现纰漏。对此,体育公共文化服务领域供给侧管理机制改革,既强调供给又关注需求,需要以人民为中心,立足人民需求,更好地满足人民群众日益增长的体育文化追求。

(三)供给侧和需求侧契合度低

供给侧和需求侧契合度低的问题在我国各个地区都较为显著,这也是导致体育公共文化活动群众参与度低,文化服务输出流于表面的主要原因所在,限制着对体育公共文化服务领域的发展。供给侧和需求侧契合度低,一方面造成了资源浪费,另一方面导致了基层群众的文化生活较为匮乏。对于体育公共文化服务领域而言,建设什么项目、建在什么位置、投入多少资金,都需要结合群众需求而决定,由于缺少社会调查,群众的意愿在体育公共文化服务领域建设中的作用微乎其微,最终导致体育公共文化服务领域供给侧和需求侧契合度低的问题,对此,需要供给侧和需求侧两端共同发力,对于供给侧而言,要简政放权,放手让地方去创新,充分发挥供给侧方面体制机制的改革,激发群众对参与体育公共文化服务领域活动的热情。在加大供给侧改革的同时,需求侧方面同时发力,抓住缺口和不足,发现问题就改善问题的所在,增加对体育服务的优化,缺点和不足通通改掉,更有利的发展体育公共文化服务领域的改革创新。

(四)需求反馈渠道闭塞

信息反馈渠道是体育公共文化服务领域发展过程中非常重要的一个环节,通过反馈渠道得来的信息,对体育公共文化服务加以改进,才能够更贴近群众生活,促进体育文化公共领域的长远发展。设立体育公共文化服务领域的需求反馈渠道是为了群众能够更好地反馈各种情况,这种模式良好的循环状态,体育公共文化的管理把群众的信息整合并加以筛选,利用到创新的产品运用上,优化后的设计方案更贴近群众的想法,改善运行规则和整体流程的机制,将正在实施和群众感受不满意的都加以调整到最佳状态逐渐完善。群众对需求信息的搜集、整理、调整、供给、再反馈、搜集等能够逐渐形成良性的循环,对促进体育公共文化服务领域的进一步发展有着积极的影响。但现阶段,体育公共文化服务领域还存在群众需求反馈渠道单一、反馈渠道闭塞等问题。针对需求反馈渠道闭塞的问题,可以从以下几点进行改进。首先,丰富反馈渠道的多样性,让更多的群众有平台、有渠道来反应自身对体育公共文化的需求。其次,通过多种途径征求群众意见,实现在线互动为一体的体育公共文化网络互动平台。最后,搜集群众需求反馈,对不同类型信息的分类也是非常重要的,将所得信息合理分类,有利于客观地评估群众意见,对群众不满意的项目加以改进。

(五)地区发展不平衡

受多种因素影响,体育公共文化发展过程中,地区差异尤为突出。东部省份在体制机制、经费投入、人才、场地、赛事、配套服务、竞技水平、体育锻炼的人数、体育消费等方面的优势较为突出,西部省份的体育公共文化服务领域发展普遍落后。近五年,体育公共文化服务领域的发展重心有所调整,从重竞技、轻群体、弱产业逐渐调整比例,重视协同发展。但是,从各地资金投入结构看,用于东部地区的体育公共文化支出占比较大,扶持发展西部体育公共文化产业的资金占比较小,城乡结合的地方是问题比较明显的区域,设计简陋、配套不完整,公共体育服务状况比一般标准要低。国务院"十三五"规划指出,自"十二五"以来,我国体育各方面都在不断优化,变得更好,服务于大众,经过不断的努力已经实施覆盖面的体育公共文化服务项目制度体系,体育公共文化服务质量和群众满意度得到了进一步的提高,截止到2015年,新时代体育公共文化服务领域活动蓬勃开展,体育公共文化服务领域覆盖率有了显著的提高。"十三五"规划的颁布,对促进城乡区域间体育公共文化服务大体均衡、贫困地区体育公共文化服务指标提高有着积极的意义。政策的支持,为广大群众享有基本公共服务的可及性提供了保障,但想要破解体育公共文化服务领域结构不平衡的矛盾,仍需要今后全社会的共同努力。

(六)建立体育公共文化服务意识不足

由于体育公共文化服务意识不足,导致我国西部、北部等地区体育公共文化服务的相关服务内容匮乏,这些地区能够用于建设体育公共文化服务领域的资金较少,并多将公共体育经费用于举办体育比赛的领域之中,导致基层群众能够参与的体育公共文化活动非常少,这与有关部门对开展体育公共文化服务的意识不足有很大的关系。虽然现阶段已经有不少管理者认识到了体育事业建设的重要性,但对体育公共文化服务领域的认知还存在不足,忽视了体育公共文化建设也是体育事业建设的组成部分,在体育事业建设中将体育运动与体育文化隔离。对此,建议加强对建立体育公共文化服务领域的意识,与相关部门紧密配合,按照国家政策规定,做好体育公共文化服务领域建设工作,依法规划,提高体育公共文化服务领域建设效率。

(七)资金保障制度不齐全

体育公共文化服务领域各项活动的开展,离不开资金的支持,只有充足的资金保障,才能开展更多形式丰富的体育公共文化服务,并按照规划建设公共设施。但目前体育公共文化服务领域的建设主要依靠政府投入,但是由于相关政策的不规范,导致体育公共文化管理部门每年拨款并不稳定。此外,体育公共服务领域的驻区单位虽然有一定的资金支持,但相比其需要支出的资金而言,能够支持的资金可谓杯水车薪。资金保障制度不健全,使得体育公共文化服务领域建设得不到保障,以基础设施为例,没有充足的资金,基础设施只能以单一设施为主,无法满足体育公共文化服务工作的多样化需求,影响着活动的质量,也限制了体育公共文化服务领域活动的长期发展。目前,中国体育公共文化服务领域还处于建设的初期,难以保障各地区体育公共文化服务领域均衡发展,保障农村体育公共设施建设的政策、措施还较为匮乏,严重阻碍着体育公共文化服务领域的建设和发展。健全体育公共文化服务领域资金保障制度需要政策上的支持,通过公开招标、竞争性谈判等方式,确定体育公共文化服务领域项目建设承接主体,建立合理、科学的动态调整机制,通过统筹安排资金,对所需资金做好预算,结合社会力量,共同促进体育公共文化服务领域的建设。

(八)缺乏指导与监督机构

体育公共文化服务领域涉及辖区各社区、镇、街道、学校、企事业单位、文化站及俱乐部文艺活动,社会宣传教育,群众文化娱乐等,这些活动的开展,离不开有关人员的监督和指导。但监督和指导人员的培养是长期的工程,尤其,现阶段我国农村的体育指导员数量较少,能够提高公共体质监测的机构几乎为零。一些偏远地区体育公共文化服务领域中的相关指导工作,往往由组织管理人员或其他没有经过训练的人员替代,由于缺少专业知识,导致体育公共文化服务指导工作水平不达标,严重影响体育公共文化服务领域的发展。对此,需要各地区加强社会体育指导员培养工作,增加体育文化活动站点,完善服务网络建设,更好地为人民群众提供服务。

第二节 供给存在结构性失衡

一、我国体育公共文化服务领域供给侧结构特点

(一)体育公共文化服务领域规模难以匹配体育强国地位

近年来,我国体育行业发展迅速,势头良好。纵观体育公共文化服务领域的发展速度,可以预计在未来的一段时间内,体育公共文化服务领域的规模将进一步扩大,从事体育公共文化服务领域工作的人员也将越来越多,届时,体育公共文化服务领域将在我国拥有更大的影响。但与体育公共文化服务领域快速的发展速度相矛盾的是,我国体育公共文化服务事业容量虽大但人均占比仍然较小。

(二)体育公共文化服务领域供给侧系统性和协同性有待进一步优化

为了促进体育公共文化服务领域行业的进一步发展,各地对体育公共文化服务领域产业的扶持力度不断增强,并通过一系列的政策来推动体育公共文化服务领域的发展,这为体育公共文化的传播和规范起到了积极的作用,也为体育公共文化服务涉及的各个领域提供了保障。政策的支持为体育公共文化服务各个文化领域的发展提供了帮助,但众多的扶持政策间关联性较少,多数政策的指向性单一,具体量化指标需要进一步明确,缺少系统性和协调性,使得一些政策对体育公共文化服务领域的影响不尽人意,此外,由于各地扶持力度不同,进一步导致各地区体育公共文化服务领域发展的不平衡。

(三)体育公共文化服务领域主体产业发展相对滞后

新时代体育公共文化服务领域发展迅速,其涉及范围呈多样化趋势,并在不断优化升级,相关产品和服务越来越丰富。随着体育公共文化服务领域结构逐步优化,主体产业发展滞后的问题也逐渐显露出来,体育制造产业占据体育公共文化服务领域的主导地位,而服务产品供给矛盾突出,制约了我国体育公共文化服务领域

结构的进一步优化与发展。

(四)体育公共文化服务领域商业化程度低

随着国民经济的飞速发展,国家体育公共服务事业也逐渐强大起来,目前,我国体育公共文化服务领域正处于发展的黄金时期。虽然目前我国体育公共文化服务领域发展迅速,但是与发达国家相比,体育公共文化服务领域商业化程度仍较低。此外,体育公共文化活动质量良莠不齐的情况,制约着我国体育公共文化服务领域整体质量的提高。

二、供给存在结构性失衡的原因分析

目前,体育公共文化服务的提供者主要是政府,由政府提供体育公共文化服务,具有浓厚的行政色彩,常常与人民群众的现实需求脱节。对于体育公共文化服务领域的供求方来说,无论是从居民对于体育公共文化建设的需求,还是体育公共文化形式以及设施、场地等方面,都存在着供需脱节与不平衡的问题。

(一)体育公共文化消费不均衡

每个人的消费水平和当地的经济发展水平是有一定关系的,首先,相对而言,农村的消费水平要比城市的低一些,乡村体育公共文化服务领域的人均消费仅占城镇居民体育公共文化服务领域人均消费的 20%,农村居民体育公共文化消费较低,与城镇居民有显著的不同。其次,东中西部的体育公共文化消费水平存在较大差距,东部地区的城市文化消费综合指数较高,而中西部地区体育公共文化消费水平较低。再次,同一城市不同阶层的文化消费水平不均衡,同一城市不同学历人群有关体育公共文化服务消费差异性显著,其中高学历人群的体育公共文化消费综合指数相对较高,文化水平相对较低的群体在体育公共文化的消费上相对较少。

(二)体育公共文化素材与创造性转化的不均衡

发展体育公共文化服务事业需要创新的思维,有效利用各种资源,转化形式,开拓创新,过多的拘泥于形式或者观念陈旧,都会导致转化率低。经过优化和改善体育事业已经发展得越来越好,但还存在创造性转化不均衡的问题,对体育公共文化的发展造成了很大的影响。

(三)过载的信息与优质内容发展

随着信息技术的不断发展,现代社会信息严重过载的问题,影响着人们的工作、生活,而在信息过载的现代社会,真正优秀的内容却相对较少,体育公共文化服务领域也是如此。近年来,各省开展的体育公共文化活动次数极多,但是真正备受好评的活动极少。另一方面,信息过载一些优质活动难以被人们发现,并且由于缺少有效的管理,活动又难以与人民群众的需求相契合,导致人民群众获得优质活动的信息较为困难。最后,传统时代下,"高大上"成了优质内容的代名词,而体育公共文化服务领域作为服务基层人民群众的活动,要从群众实际要求的角度出发,不管是设计建设的场地还是活动内容的设定都要贴近群众,了解群众真是的需求,简单且易操作的才是大众能够接受的。

第三节　专业人才缺乏

一、专业人才缺乏的原因

(一)专业人才选拔机制不科学

体育专业人才队伍建设是体育公共文化服务领域服务事业发展的核心与基本,专业人才缺乏是体育公共文化服务领域在发展过程中的遇到的主要障碍。有关调查发现,一些地区体育公共文化服务领域工作人员的工资明显低于当地的平均工资水平,这无疑挫伤了体育公共文化服务领域工作人员的工作积极性。由于薪资待遇低、晋升空间小等问题,使得体育公共文化服务领域的相关工作很难吸引到年轻人或高校毕业生加入其中。现阶段参与体育公共文化建设工作的人员大多都是一些业余人员,一些专业水平较高的专业人士,则会考虑一些福利待遇高,更加有发展前景的职业,并不愿意花费较多的时间的来参与体育公共文化建设工作,这种情况也影响着高校毕业生对体育公共文化服务领域相关工作参与的积极性,多数高校毕业生不愿参加体育公共文化服务领域相关工作,由于缺少高新人才的加入,阻碍着体育公共文化服务领域的发展。而现阶段体育公共文化服务领域人才层次不高的问题,也影响了人民群众对体育公共文化工作的满意程度,影响了体育公共文化服务领域的可持续发展。

(二)专业人员的培训体系不完善

纵观我国体育公共文化服务领域发展现状来看,虽然部分地区体育公共文化服务领域工作者年龄较为年轻,学历较高,但大多数工作人员的所学专业与体育公共文化并不对口。体育公共文化服务领域涉及范围较广,包含体育比赛、综合文化服务、文体活动开展、人才培训等多个方面,目前,体育公共文化服务领域的工作人员往往对体育文化活动的重视不足,很多工作人员从未参加过任何形式的专业培训,缺乏相关工作经验,对于我国开展体育公共各项文化活动的认识程度不够,活动组织形式较为单一。我国体育公共文化领域对专业工作人员的培训体系不够完善的情况,造成我国体育公共文化服务领域的专业人员过于繁杂,缺乏统一的组织协调,人才队伍建设存在专业学历偏低、专业人才培养结构不合理等突出的问题。

(三)专业人才队伍的建设水平落后

体育公共文化服务领域专业人才是影响体育公共文化相关活动开展和实施的重要因素,只有对体育公共文化服务领域的工作内容有着充分的了解,同时具备相关专业知识的人员,才能更好地开展体育公共文化服务工作。体育公共文化服务活动的开展,是为了更好地给人民群众提供丰富多彩的群众文化生活,人民群众通过参与体育公共文化活动,以改变陈旧的思想与观念,提高自身的道德素质和生活品质。体育公共文化服务工作覆盖面广、工作繁多,对工作者的要求较高。尤其是面对经济发展水平不同的人民群众,体育公共文化服务领域工作人员更需要具备良好的综合素质与工作能力,来满足广大人民群众的多元化的需求。由于日常工作的内容比较复杂,体育公共文化服务领域的工作人员常常身兼数职,再加上缺少专业培训和学习的机会,使体育公共文化活动很难得到很好地展开。

(四)体育公共文化服务领域发展不平衡

由于地区发展不平衡的问题,导致一些散落城乡的体育专业人才没能得到充分利用。随着各地体育公共文化服务领域的不断发展,体育公共文化服务领域发展不平衡的情况也越来越明显,一些地方政府针对体育公共文化服务领域人才队伍建设投入的经费有限,导致体育公共文化服务领域基层工作人员中,非专业人员的比例偏高,人员队伍结构不合理现象较为严重。随着广大人民群众对于体育公共文化服务领域需求的日益增多、日趋多元化的趋势下,体育公共文化服务领域对基层专业人才的需求也日益增大,但基层人才水平较低,影响着我国体育公共文化服务服务事业的发展。目前,我国体育公共文化服务领域的基层人才多是由当地政府的文化部门管理人员组成,但是由于各个地区经济发展水平不同,从而导致了体育公共文化服务领域工作人员的工资待遇良莠不齐,一些经济发展较为落后的地区,从事体育公共文化服务的工作人员的工资待遇较低,再加上工作繁忙等原因,很多工作人员很难全身心投入体育公共文化建设的工作之中。此外,一些地区,体育公共文化工作人员的组成既有专业人才,也有从民间自发组成的业余人士,所以从整体上来看,从事体育公共文化服务领域工作人员的素质还有待提升,而且由于缺乏合理的指导,导致一些地区举办的体育公共文化活动质量也有待提升,以更好地满足人民群众的需求。体育公共文化服务领域的人才培养离不开政府的支持和重视,因此政府应进一步提高对外体育公共文化服务领域培养的重视程度,制定一系列有关体育公共文化服务领域工作人员和人才的培养、选拔、保障等相关计划并加以实施,从而尽快地培养出一支德才兼备、组织结构合理的体育公共文化服务领域专业人才队伍。

二、专业人才培养对策

(一)优化人才选拔机制

随着城市多元化的发展趋势,人们对体育公共文化服务领域相关产品、项目的需求更高,为了更好地满足我国人民群众对外体育公共文化活动多维度、多层次的需求,建设一支高水平、高素质的专业人才队伍是必不可少的,这也是体育公共文化服务事业能够长远发展的关键。想要改善我国现阶段体育公共文化服务领域专业人才缺失的问题,首先需要优先体育公共文化服务领域人才的培养和选拔的制度,建立规范化的体育公共文化服务领域人才选拔政策,建立专业人才档案,将人才的发现、挖掘与引进形成规范的机制,为体育公共文化服务领域注入新鲜血液。对于人才的选拔,除了人才的专业素养之外,他们的政治素质、业务水平、组织能力也是选拔的重点。除此之外,对于选拔出来的专业人才的待遇问题,也是人才选拔过程中需要考虑的问题之一,只有合理、优厚的待遇,才能让这些专业人才免于后顾之忧的困扰,专心体育公共文化服务领域的建设。其次,政府应当积极鼓励高校设立更多有关体育公共文化服务领域的专业课程。目前,我国对于体育公共文化服务领域越来越重视,但对于体育公共文化服务领域相关专业人才的建设并没有落实到位,高校的专业人才培养存在一定的局限性,体育公共文化服务领域相关专业课程设置较少,覆盖面较窄,缺乏足够的吸引力,无法真正吸引学生学习。对此,政府应该给予高校更多的自主空间,鼓励高校按照我国社会对体育公共文化服务领域的根本诉求,开设更多的体育公共文化服务领域相关专业,为我国未来体育公共文化服务领域的建设提供更多的人才。

(二)强化体育公共文化服务领域人员的培训体系建设

强化体育公共文化服务领域人员的培训体系建设是改善我国体育公共文化服务领域专业人才缺失的有效措施,强化、完善体育公共文化服务领域相关工作部门人员的培训机构体系,有针对性地对体育公共文化服务领域的相关工作人员进行培训,选择工作态度良好、学习成绩优异的体育公共文化服务领域的从业人员和学生,帮助他们进行进一步的深造,将这些优秀的体育公共文化服务领域的从业人员和学生送到国内外各大知名高校更加深入地学习有关体育公共文化服务领域的专业知识,或者邀请体育公共文化服务领域的专家进行定期讲座,以此提高体育公共文化服务领域工作人员的专业知识与综合能力,最终形成规范、科学的人才培养机制。此外,强化对体育公共文化服务领域人员的培训,需要从政策和资源等方面鼓励年轻的体育公共文化服务领域工作人员参与培训、考核活动,以此来形成体育公共文化服务领域专业人才队伍逐渐年轻化发展趋势,进而吸引更多高素质的国内外高校毕业生及专业人士加入到加强体育公共文化建设中来。

(三)提高基层专业人才队伍的建设水平

体育公共文化服务领域的基层工作人员是体育公共文化服务事业发展的重要基石,提高基层专业人才服务队伍的水平,稳定发展基层专业人才的队伍,是为了更好地促进体育公共文化服务事业的发展。提高基层专业人才队伍的建设水平,首先需要分配好乡、镇等地体育公共文化服务领域的相关工作人员,以此来加强城乡社区部门与体育公共文化服务领域两者之间的联系,寻找和培训城乡社区中的专业人才,通过优厚的福利待遇吸引民间人才参与到体育公共文化服务领域的基层建设之中,从整体的角度提高体育公共文化服务领域相关工作人员的建设水平。其次,建立基层专业人才档案,充分利用基层工作人员的优势,通过基层工作人员健全体育公共文化服务领域的对外宣传工作,以基层人才领导者组织更多符合人民群众喜好的体育公共文化活动,同时可以通过相关的优惠政策,吸引社会各地的爱心体育专业人士积极参与建设有关社会体育公共和文化服务领域的专业基层志愿者队伍,以此来完善社会体育公共文化服务领域基层专业人才队伍的建设。

(四)健全体育公共文化服务领域发展平台

健全的体育公共文化服务领域的发展平台,有助于加强社会人民群众对体育公共文化服务领域的了解和重视，提高体育公共文化的影响力，从而吸引更多的专业人才加入体育公共文化服务领域的建设中来。健全体育公共文化服务领域发展平台首先要保证体育公共文化服务领域专业人才群体有完善的人才进出渠道。而年轻人才作为体育公共文化服务领域发展的希望，对其的开发和探索是健全体育公共文化服务领域发展平台的重点，通过完善体育公共文化服务领域中对年轻专业人才的选拔培养机制，为保证体育公共文化服务领域专业人才选拔的进出渠道做好铺垫。例如，在招聘时，综合考虑招考的实际需求，并在此基础上增加对报考人员专业成绩的分值，以此来选取更有针对性的专业型人才；对获得国家或省级比赛大奖及其他有特殊才艺、可塑造性强的民间专业人才，准许其得到一定程度的特殊照顾，以此来完善体育公共文化服务领域专业人员选拔的进出渠道。其次，完善体育公共文化专业人才的奖惩制度，增加对体育公共文化服务领域专业人才培养的资金投入，从而建立一个多元化的人才培养资金渠道，奖励对当地体育公共文化建设有帮助的单位与个人。再次，改革体育公共文化服务领域专业人才的评价方法，完善体育公共文化服务领域专业人才的评价机制，有针对性地对各级专业人才进行考察，并根据考察的实际情况来对体育公共文化服务领域的专业人才进行全方位的评价。最后，加强体育公共文化服务领域与各大高等院校之间的合作，通过产业创新和科研基地建设等方式，来促进体育公共文化服务领域的健康发展，形成体育公共文化服务领域多元化的专业人才支撑格局。

(五)推动体育产业转型升级

通过扩大对外开放力度，将国外体育公共文化服务领域的专业人才、技术、管理模式引进来，以此弥补我国体育公共文化服务领域的不足，促进体育公共文化产业的发展，改进和完善我国现阶段体育公共文化管理等方面的不足，并结合我国体育公共文化服务领域发展现状，积极吸取和借鉴国外体育商业赛事、体育文化活动等方面的成功经验，逐步健全和完善体育公共文化服务领域中各方面的经营模式和管理制度。此外，通过合作的方式，不仅能够实现我国与国外体育公共文化服务领域的优势互补与合作共赢，更是加强我国体育公共文化服务领域与国际体育公共文化服务领域交流合作的有效途径，通过引进国外体育公共文化服务领域中的优势项目与先进设施，吸引国外资本投资我国体育公共文化产业建设，对我国体育公共文化服务领域的整体发展有着积极的促进作用，这也是解决我国现阶段体育公共文化服务领域专业人才缺失的有效措施。

第四章　全运会的发展

本章提要：

全运会具有悠久的发展历史,是我国极具代表性的体育赛事,以天津全运会为实例所进行的体育公共文化服务供给侧改革的研究,是以对全运会的全面了解为基础的,本章的内容就是对全运会的相关内容进行的系列性研究。

第一节　全运会的历史发展

全运会是中华人民共和国全国运动会的简称,代表着我国最高体育赛事水平,在全国具有较大的影响力,并且也是我国国内规模最大的体育赛事。运动员参与全运会,是对自身技战术水平的重要监测,坚持为奥运会争光的发展计划,承载着我国综合性赛事发展理念的重要载体。

全运会并不是近代才开展的体育竞赛活动,而是具有较为悠久的发展历史,在1949年之前,全运会经历了晚清政府、北洋军阀政府和国民政府三个历史阶段。追溯全运会的起源,全运会最初的发展雏形为上海基督教青年会在南京南洋劝业场组织发起的"全国学校区分队第一次体育同盟会"。晚清政府、北洋军阀政府和国民政府三个历史阶段共举办了七届运动会。

中华人民共和国成立以后,我国全运会呈现出良好发展的势头,不同阶段全运会的举办,在赛事理念、赛事制度以及赛事组织特点等方面都有所不同,历届全运会的举办为推进我国大众体育发展水平的提高、区域经济的发展以及优秀体育文化的传播都起着积极的作用,是对多方利益主体利益诉求的极大满足。

一、起步阶段(1949—1965)

(一)办赛理念

1959 年,中华人民共和国第一届全国运动会在北京举行,这场赛事的举办对于我国竞技体育事业的发展而言具有标志性意义。中华人民共和国成立后,百废待兴,我国人民群众共同努力,使国家朝向良好的趋势发展。在国家不断发展复兴的时代背景下,我国的体育事业也获得了空前的发展,我国体育赛事的举办始终坚持着以群众体育为基础的原则,对社会效应具有较高的重视程度,体育赛事不仅仅是发挥体育竞技的价值,还始终坚持为生产和国防所服务。《关于 1959 年体育工作几个问题的报告》中指出,全运会举办的目的主要是推进群众体育运动的开展,并且促进各个运动项目获得优异的成绩。以省市为单位对参赛项目进行准备,参赛项目的选择要从本省市的实际情况出发,不勉强参加不擅长的运动项目类型。在这一阶段,为了控制全运会的开展规模,对竞赛规则做出了具体修改:对团体性的总分不予计算,取消拳击比赛项目,击剑、国际象棋、自由式摔跤、古典式摔跤、赛车场自行车和水上摩托艇改为表演项目;此次全运会还对以省市为单位的参赛人数做出了具体的规定,对除了运动员的工作人员的人数也做出了具体的要求,工作人员总数不得超过 450 人(包括展览会人员,行政管理工作人员 1500~2000 人),经费初步计算为 600 万元。

第一届运动会和第二届全运会之间经历了多个历史性事件,第二届全运会由于历史条件特殊,其秉承着简检办赛的理念开展赛事活动,与此同时,为了贯彻这一阶段国家层面"缩短战线、保证重点"的竞技体育发展思想,第二届全运会的参赛人数急剧下降,各省市代表团人数都相比第一届运动会有所减少,各代表团人数由第一届 9159 人缩减为 7400 余人,其中运动员由第一届的 7660 人缩减到 6000 人左右。第二届全运会所设置的参赛项目也有所减少,赛事举办的整体规模有所减少逐渐开始重视赛事服务水平的提升与管理。《中共中央批复国家体委召开第二届全国运动会的指示》指出,第二届全运会对竞赛工作进行了部分调整,所调整的内容主要包括四个方面。第一,参赛项目为国内较为普遍或者是重点开展的项目。第二,以往开展不普遍,但是全运会中准备参加的项目。第三,民族传统项目。第四,以北京赛场场地设施实际条件为基础可以进行开展的运动项目。

(二)竞赛制度

在第一届全运会中,以省为参赛单位,参赛单位共计 27 家,第二届全运会同样也是以省为参赛单位,参赛单位共计 28 家。在第二届全运会中,西藏作为独立的参赛单位参与其中。两届运动会在运动员方面具有共同点一运动员都是基于基层、县、市、省的选拔顺序进行层层筛选而来,参赛运动员的身份较为多样的,包括工人、农民、学生、干部和部队官兵等(具体如表 4-1 所示)。

在两届全运会的项目设置方面,第二届全运会由于秉承着简检的办赛理念,因此设置的项目少于第一届全运会,武术项目首次入选全运会参赛项目,这一时期由于历史环境的特殊性,军事类项目备受关注。

计分办法:全运会不计团体总分。

举办城市遴选办法:采用指定的模式遴选举办城市。

表 4-1 第一届和第二届全运会的参赛单位与项目设置

届次	时间	举办城市	参赛单位	项目设置
第一届	1959 年 9 月 13 日—1959 年 10 月 3 日	北京	解放军、上海、北京、广东、山东、河北、内蒙古、黑龙江、四川、福建、山西、贵州、安徽、吉林、辽宁、江苏、湖北、浙江、湖南、云南、河南、甘肃、陕西、新疆、江西、广西、青海	足球、篮球、排球、乒乓球、网球、羽毛球、手球、棒球、女子垒球、水球、马球、田径、公路自行车、体操、技巧运动、举重、游泳、跳水、赛艇、武术、中国式摔跤、射箭、中国象棋、围棋、赛马、障碍赛马、射击、摩托车越野、摩托车环行公路、无线电收发报、航海多项、航海模型、滑翔、飞机跳伞、伞塔跳伞、航空模型共 36 项

续表

届次	时间	举办城市	参赛单位	项目设置
第二届	1965 年 9 月 11 日—1965 年 9 月 28 日	北京	解放军、上海、北京、广东、山东、河北、内蒙古、黑龙江、四川、福建、山西、贵州、安徽、吉林、辽宁、江苏、湖北、浙江、湖南、云南、河南、甘肃、陕西、新疆、江西、广西、青海、西藏	足球、篮球、排球、乒乓球、网球、羽毛球、水球、田径、自行车、体操、举重、击剑、游泳、跳水、摔跤、射箭、射击、摩托车、无线电收发报、飞机跳伞、航空模型、航海模型,共 22 项

(三)全运会的阶段性特征

全运会起步阶段的特征主要包括为政治服务和推广普及群众体育运动两个方面。下面将针对这两方面的特征进行具体的阐述。

第一,全运会为政治服务的功能。第一届全运会时期,我国所处历史条件较为特殊,国际奥委会和国际单项运动组织的部分负责人,对我国体育赛事的举办采取敌视态度。我国体育事业发展,对这种行为表示强烈的谴责和抗议。在这一历史时期,第一届全运会的举办,是对中国人民应对发展困境,勇往直前的精神体现。第二届全运会的举办,是我国体育事业发展的标志,其肩负着增强人民体质,为生产劳动和国防建设服务,为无产阶级政治服务的重要任务。

第二,积极推广与普及群众体育运动。促进群众体育的普及发展,是两届全运会坚持的方针,参赛运动员都是从基层通过层层选拔筛选出来的优秀运动员代表。这两届全运会对于运动项目的设置,也都以普及度较高的运动项目为主。使群众可以积极参与到体育赛事之中,全运会的竞赛项目设置也是以群众基础好的项目为主,体现出这一阶段全运会普及群众体育运动为主的特征。

二、停滞阶段(1966—1977 年)

(一)办赛理念

第二届全运会举办十年后,第三届全运会又再一次在北京召开,第三届全运会的办赛理念可以概括为"反对锦标主义,大力推进群众练兵运动,为工农兵业余体育服务"。反对锦标主义的典型性案例为,在第三届全运会的足球比赛中,如果双方球队在比赛中最终获得平局,将不再进行任何加时赛或者点球分出胜负,而是两个队伍并列获得冠军。第三届全运会严格执行 1973 年全国体育工作会议对于体育赛事指导方针。"项目的设置应按照全国一盘棋的精神,确保重点,照顾一般,合理布局。田径是各项运动的基础,各地都应列为重点项目。""坚持从实战需要出发,从难从严进行大运动量训练的原则,开展官教兵、兵教官、兵教兵的群众练兵运动。"第三届全运会的开展,是体育事业继续延续"缩短战线,保证重点"体育发展战略的重要标志。第三届全运会坚持以"体育为工农兵服务"为原则,因此对于竞赛方法进行了改革,主要的改革体现为,为了更好地为工农兵进行服务,将运动会的比赛和表演场地设置在郊区和市区的工厂、农村、部队、学校等基层单位进行。甚至为了照顾与满足工农兵观众的需求,田径比赛还破例增加了车间场次。

(二)竞赛制度

表 4-2　第三届全运会的参赛单位与项目设置

届次	时间	举办城市	参赛单位	项目设置
第三届	1975 年 9 月 12 日—1975 年 9 月 28 日	北京	广东、北京、解放军、上海、吉林、黑龙江、辽宁、广西、福建、江苏、河北、山西、内蒙古、云南、湖北、山东、哈尔滨、安徽、通化、湖南、天津、四川、陕西、松花江、江西、甘肃、青海、齐齐哈尔、新疆、呼盟、黑河、宁夏、浙江、河南、西藏、贵州、佳木斯	足球、篮球、排球、乒乓球、羽毛球、网球、棒球、女子垒球、手球、田径、体操、技巧、游泳、跳水、水球、划船(包括赛艇、皮艇、划艇)、举重、射击、射箭、击剑、武术、自行车(包括公路自行车和赛车场自行车)、中国式摔跤、棋类(包括围棋、中国象棋和国际象棋)、冰球、速度滑冰、花样滑冰、滑雪。表演项目有马术、秋千、跳板、民族摔跤、一妞机跳伞、航空模型、航海模型、水上摩托艇、摩托车和幼儿体育。

第三届全运会的举办城市为北京,参赛单位和项目设置具体如表 4-2 所示。

参赛单位首次出现了以地级市为单位的参赛代表,第三届全运会的参赛运动员共计 12497 人。第三届全运的项目设置方面,具体参赛项目设置共包括 28 项比赛项目和 10 项表演项目。奖牌的设置数量分别为金牌 310 枚、银牌 309 枚、铜牌 311 枚。从第三届全运会具体的比赛结果中可以看出,在比赛中有一个运动代表队 4 名运动员 6 次打破 3 项世界纪录,2 人 2 次平 2 项世界纪录,3 人 3 次打破 1 项亚运会纪录,49 个队 83 人 198 次打破 63 项全国纪录,4 个队 41 人 151 次打破 64 项青少年、儿童全国纪录。第三届全运会中做出的调整为,竞赛组以年龄进行划分,分为成年组和少年组两个类别,并且武术项目也正式列为竞赛项目,不再作为表演项目,对于原来的比赛项目也做出了一定的调整,将飞机跳伞、航海模型、摩托车三个项目调整为表演项目,此外幼儿体育也被首次纳入了第三届全运会之中。

计分办法:取消竞赛成绩和名次的排序。

举办城市遴选办法:采用指定的模式遴选举办城市。

(三)阶段性特征

第三届全运会的特征依然受到当时政治环境的影响,主要的特征可以概括为群众性体育运动的畸形兴盛和体育项目竞技水平的急剧下降两个方面。

首先,群众性体育运动的畸形兴盛是指"文化大革命"所带来的干扰,我国体育事业发展的理念受到了破坏,政治以及军事等都对体育发展思想产生了不同程度的影响,后来盛行一时的"6 亿农民 6 亿运动员"的口号,更是使群众体育的发展出现空前繁荣的状况,但是与此同时,工农生产方面的问题也异常突出。

其次,体育竞技水平的急剧下降是指在第三届全运会中,以往所建立的较为完善体育竞技制度被破坏,整体体育竞技训练和竞赛都处于崩溃状况,在这样的情况下,大量以省市为单位的运动代表队被解散,据当时统计的结果显示,在当时被解散足球队有 47 个,共计 1124 名运动员和 115 名教练员离开了竞赛场地。未被解散的球队也未进行正常的训练,这直接导致了竞技水平的下降。从第三届全运会的比赛来看,不管是运动员竞赛成绩的获得,还是破纪录情况,相比较于第一届全运会和第二届全运会都有所下降,赛事整体开展效果不佳。

三、探索阶段(1978—1992)

(一)办赛理念

全运会的探索阶段,为第四届、第五届全运会和第六届全运会,共三届全运会,这个阶段处于我国改革开放的初期阶段,这个阶段体育工作发展的重要任务就是对体育竞技进行发展。全国体育工作会议曾鲜明地指出:"普及和提高是对立统一的辩证关系,既相互矛盾,相互区别,各有一定的独立性;又相互依存,相互渗透,两者之间没有不可逾越的鸿沟。但是,在不同时期,不同地区、单位,在工作上可以并且应当有所侧重,不能平均使用力量,没有重点就没有政策。普及是基础,但也不会总是矛盾的主要方面。现在我们进入了奥委会,提高奥运项目的竞技水平的任务尤为当务之急。我们提出侧重抓提高,是在普及和提高相结合的前提下和在省以上体委的范围内。各项工作还有个全面的安排,统筹兼顾,并不是光要重点不要一般,而是以重点带动一般。"

第四届全运会的办赛理念为"以体育竞技和体育表演对体育竞技思想进行展示,始终坚持'友谊第一,比赛第二'的竞赛理念"。

第五届全运会的办赛理念为"提高水平,为国争光,将全运会作为备战洛杉矶奥运会的热身赛,振兴民族精神"。

第六届全运会的办赛理念为"建设体育强国形象,推进全民体育运动的发展"。

(二)竞赛制度

第四届全运会、第五届全运会和第六届全运会的举办城市分别为北京、上海和广东,具体的参赛单位和竞赛的项目设置见表4-3。第四届全运会参赛单位不存在明显的变化,第五届全运会和第六届全运会参赛单位存在一定的变化,第五届全运会中,中国台湾和体育协会首次作为独立参赛单位的角色参与到全运会中,在第六届全运会中,又新增了六个体育协会作为独立参赛单位参赛,这一届运动会中,对原有的参赛单位的限制是一次巨大的突破。

第四届、第五届和第六届全运会的项目设置也有所不同,在第四届全运会中,参赛运动员人数总计15189人,奖牌设置的数量依次为金牌469枚、银牌471枚、铜牌469枚。在打破竞技记录方面来看,第四届全运会共有5名运动员5次破5

项世界纪录,2名运动员3次破3项青年世界纪录,3名运动员3次平3项世界纪录,12名运动员24次破8项亚洲纪录,以运动队为单位来看,其中有36个代表队中204名运动员376次破102项全国纪录,2支代表运动队中的6名运动员10次破5项全国少年纪录。第四届全运会的赛事项目设置,对竞技体育的重视程度较高,手球和击剑项目都在这届全运会中纳入其中。第四届全运会项目设置和上一届运动会相比变化不大,主要划分为成年组、少年组和表演项目三个方面。第五届全运会的参赛运动员人数有所下降,共有8943人。其中2名运动员3次打破2项世界纪录,4名运动员5次平3项世界纪录,创1项世界青年纪录,7名运动员2次破9项亚洲纪录,64名运动员38142次破60项全国纪录。第五届全运会项目设置方面最为显著的变化为按照奥运会的竞赛项目对项目进行设置,柔道、帆板、艺术体操、曲棍球四个奥运项目首次被列为全运会的比赛项目类型,表演项目只对传统的武术表演项目进行了保留,第五届全运会是全运会踏上奥运会节奏的重要标志。第六届全运会的参赛运动员人数又进一步下降,其中共有10名运动员17次破15项世界纪录,3名运动员3次平3项世界纪录,2名运动员2次超2项世界纪录,第六届全运会中共创造85项全国纪录和最好成绩,但是竞赛项目设置有所变化,和第五届全运会有所不同。

表 4-3　第四届、第五届、第六届全运会的参赛单位与项目设置

届次	时间	举办城市	参赛单位	项目设置
第四届	1979 年 9 月 15 日—1979 年 9 月 30 日	北京	广东、北京、解放军、上海、吉林、黑龙江、辽宁、广西、福建、江苏、河北、山西、内蒙古、云南、湖北、山东、哈尔滨、安徽、通化、湖南、天津、四川、陕西、松花江、江西、甘肃、青海、齐齐哈尔、新疆、呼盟、黑河、宁夏、浙江、河南、西藏、贵州、佳木斯	足球、篮球、排球、乒乓球、羽毛球、网球、棒球、女子垒球、手球、田径、体操、技巧、游泳、跳水、水球、划船(包括赛艇、皮艇、划艇)、举重、射击、射箭、击剑、武术、自行车(包括公路自行车和赛车场自行车)、中国式摔跤、棋类(包括围棋、中国象棋和国际象棋)、冰球、速度滑冰、花样滑冰、滑雪共 28 项。表演项目有马术、秋千、跳板、民族摔跤、跳伞、航空模型、航海模型、水上摩托艇、摩托车和幼儿体育。

届次	时间	举办城市	参赛单位	项目设置
第五届	1983 年 9 月 18 日—1983 年 10 月 1 日	上海	北京、天津、河北、山西、内蒙古、辽宁、吉林、黑龙江、上海、江苏、浙江、安徽、福建、江西、山东、湖北、河南、湖南、广东、广西、四川、贵州、云南、西藏、陕西、甘肃、宁夏、新疆、台湾、解放军、中国火车头体育协会。	足球、篮球、排球、乒乓球、羽毛球、网球、手球、曲棍球、田径、体操、艺术体操、举重、游泳、跳水、水球、帆船、帆板、射箭、射击、击剑、自行车、摔跤、柔道、武术表演、赛艇、皮划艇。其中艺术体操、柔道、帆板、曲棍球是新增比赛项目。表演项目为武术。
第六届	1987 年 11 月 20 日—1987 年 12 月 5 日	广东	北京、天津、河北、山西、内蒙古、辽宁、吉林、黑龙江、上海、江苏、浙江、安徽、福建、江西、山东、河南、湖北、湖南、广东、广西、四川、贵州、云南、西藏、陕西、甘肃、青海、宁夏、新疆、台湾、解放军、中国前卫体育协会、中国火车头体育协会、中国水电体育协会、中国银鹰体育协会、中国石油体育协会、中国煤矿体育协会、中国林业体育协会。	比赛项目有足球、篮球、排球、乒乓球、网球、羽毛球、手球、曲棍球、女子垒球、棒球、田径、游泳、跳水、水球、花样游泳、举重、体操、艺术体操、击剑、柔道、国际式摔跤、中国式摔跤、技巧、围棋、中国象棋、国际象棋、马术、现代五项、武术、射击、射箭、赛艇、皮划艇、帆船、帆板、蹼泳、航海模型、航空模型、自行车、滑水、摩托艇、摩托车越野、无线电测向、跳伞。表演项目高尔夫球、保龄球、桥牌。

　　第四届全运会的计分方法没有发生改变,在第五届全运会和第六届全运会中,赛事设置中对运动员的奖励方法和计分的方法产生了变化,具体的评分手段见表4-4所列,第五届全运会的奖励方法变化最为明显的是,首次增设了精神文明奖、所奖励的对象主要包括运动队、运动员和裁判员,奖励设置较为全面。

表 4-4　计分方法统计表

届次	项目设置
第五届	集体项目、成队项目、个人全能、个人单项录取前六名。其中田径、游泳、体操、举重、射击项目个人全能、个人单项录取前八名。分别颁发奖章、奖状。六名和六名以下的个人和团体，或其他需要特殊给予奖励的，其奖励办法在各项竞赛规程中规定。为鼓励重点项目创造优异成绩，对足球、篮球、排球男、女冠军队、乒乓球、羽毛球、体操、射箭团体赛男、女冠军队，田径、游泳男、女团体总分第一名，射击、举重、跳水获金牌总数最多的队，各奖奖杯一座。
第六届	奥运会项目奖励八名，按 9,7,6,5,4,3,2,1 计分。凡该项竞赛规程规定奖励六名的，按 7,5,4,3,2,1 计分。非奥运项目奖励六名的，按 7,5,4,3,2,1 计分，凡该项竞赛规程规定奖励三名的，按 4,2,1 计分；奖励一名的，按 2 分计分。奥运会项目中的非奥运会小项，均按非奥运会项目奖励名次和计分办法规定执行。

举办城市遴选办法：

自第五届全运会开始，全运会允许在北京以外的城市举办，由此而拉开了全运会在北京以外的城市举办的历史，这代表着我国体育竞技事业进入了全新的发展阶段。

(三)全运会阶段性特征

探索阶段，第四届、第五届和第六届全运会所体现出的阶段性特征主要包括体育赛事进一步改革、赛事运作主体转变以及朝奥运会方向发展三个方面。

首先，从体育赛事的进一步改革来说，赛事改革主要是体现为体育竞赛体制的改革，"文革"对我国的体育事业发展造成了一定的冲击，但在这一段阶段，我国体育竞技能力和世界水平相比还存在较大的不足。探索阶段这一时期所举办的全运会，是对以往全运会发展的重要改革，在全运会的发展历史上具有承上启下的作用。在这一阶段的全运会中，开始重视对青少年体育活动的关注，将体育事业的发展提升到了为国家发展做贡献的层面。探索阶段的全运会对竞赛制度、计分方法、城市选择的方法以及竞赛项目的设置等，都做出了具体的改革。并且为了贯彻国家对体育运动的发展要求，全运会开始对体育协会的重要性进行关注。但是值得注意的是，这一阶段体育赛事虽然进行了大刀阔斧的改革，但是整体的改革推行起来,所存在的难度以及所收到的成效不佳等也是需要关注的问题。

其次,就赛事运作主体的转变来看,全运会的运作主体由单一的政府负责,转变为由政府和市场相互配合。第六届全运会是全运会市场化运作的开端,洛杉矶奥运会的成功举办是其启示来源之所在。第六届全运会在广州市举行,首次开启了招商集资的活动,开启了全运会市场化运作的开端,依托政府政策支持和市场运作的双重力量对全运会进行改革。由于得到了国家政策的扶持,因此全运会开展过程中,投资企业也获得了良好的经济收益和社会效益,实现了运动会成功举办和企业市场发展双赢的效果。

最后,从全运会朝向奥运会发展来说。《国家体委关于体育体制改革的决定》中对竞赛体制的改革以及奥运项目的发展做出了具体的要求,从第五届全运会开始,竞赛项目就开始与奥运会比赛项目对接,全运会的开展为奥运会选拔优秀人才的模式自此形成,全运会也正式的迈入了与奥运会接轨的步伐。在这一时期奥运会的举办,为奥运战略锻炼优秀人才的特征较为明显。此外也正是在这一阶段,举办全运会的城市不再仅仅是局限于北京,其他城市也具备了举办全运会的资格,是我国体育事业发展进入民主竞争机制的表现。

四、发展阶段(1993—2008)

(一)办赛理念

发展阶段共包括第七届、第八届、第九届、第十届全运会,这四届全运会,具体的办赛理念如下:

由于第七届全运会的举办时期是在北京申办奥运会的重要阶段,因此,此次全运会的办赛理念以"团结奋进、振兴中华"为宗旨,为我国体育运动水平的提高和群众体育活动的开展,为建设有中国特色的社会主义和实现第二个战略目标做出贡献。

第八届全运会的办赛理念为"团结、进步、文明、参与",其精神核心可以概括为"爱祖国、重参与、讲文明、创佳绩"。

第九届全运会的办赛理念为"更快、更高、更强"和"团结、友谊、进步"的奥林匹克精神,第九届全运会的开展具有重要意义,所处时期的特殊性使第九届全运会被称为奥运会的前奏。

随着全运会发展不断成熟，全运会的办赛理念也更为具体全面，第十届全运会的办赛理念可以概括为以下四个方面：第一，为奥运会战略发展所服务，作为奥运会举办之前的最后一届全国性的运动会，其是对我国体育竞技水平的集中性检阅。第二，为群众性体育工作的开展服务。第三，为经济社会发展服务。第四，为国家的精神文明建设服务。

（二）参赛单位与项目设置

第七届、第八届、第九届、第十这四届全运会的参赛单位方面，体育协会的加入更为广泛，以第七届全运会为开端，体育协会加入的数量不断增加。

在项目设置方面，这一阶段全运会的举办，竞赛项目设置完全与奥运会接轨，从第七届全运会开始，在竞赛中就不再单设表演项目。在奖牌的设置方面，第七届全运会的奖牌设置为金牌374枚；银牌367枚；铜牌362枚。参赛队伍45个，参赛运动员共4228名，参赛的教练员人数为1200人，包括其他相关工作人员在内，总人数为7551人。在赛事成绩方面，第七届全运会中，共有4名运动员4次创4项世界新纪录，18名运动员4个代表队43次超21项世界纪录，4名运动员4次平3项世界纪录，54名运动员1个运动代表队93次创34项亚洲新纪录，61名运动员3个运动代表队143次超66项亚洲纪录，130名运动员14个运动代表队273次创117项全国新纪录。

第八届全运会，金牌设置327枚。共有179名运动员659次超41项世界纪录，其中16名运动员19次超7项奥运项目世界纪录，4名运动员4次平3项世界纪录，100名运动员3个运动代表队367次超55项亚洲纪录，88名运动员6个运动代表队142次创66项全国纪录。在第八届全运会中，除了武术项目之外，其他的竞赛项目设置均为奥运会的正式比赛项目。

在第九届全运会中，奖牌的情况为金牌358枚，参赛的代表团数量为45个，参赛的运动员人数为12314人，到最终的决赛阶段，经过了历场比赛的选拔，最终有8608名运动员参与到了决赛之中。在第九届全运会中，首次增加了冬季竞赛项目包括速度滑冰、短道速滑和花样滑冰三大项在内共设10个小项目。此外还有马拉松项目在其他城市举行。从第九届全运会的竞赛成绩来看，共有24名运动员35次超7项世界纪录，6名运动员1个运动代表队7次创6项亚洲纪录，28名运动员41次超9项亚洲纪录，32名运动员4个运动代表队52次创37项全国纪录。

第十届全运会由于在奥运会周期中举行，因此受到了较高的关注，本届全运会

的奖牌设置方面,共设 357 枚金牌。参赛的代表团数量为 46 个,运动员人数为
9985 名,裁判员人数为 4000 名裁判员。共有 15 名运动员 21 次超 6 项世界纪录,
7 名运动员 7 次平 6 项世界纪录,5 名运动员 6 次创 5 项亚洲纪录,1 个运动代表
队 19 名运动员 25 次创 19 项全国纪录。

表 4-5 第七届至第十届全运会的参赛单位与项目设置

届次	时间	举办城市	参赛单位	项目设置
第七届	1993 年 9 月 4 日—1993 年 9 月 15 日	北京	解放军、北京、天津、河北、山西、内蒙古、辽宁、吉林、黑龙江、上海、江苏、浙江、安徽、福建、江西、山东、河南、湖北、湖南、广东、广西、海南、四川、贵州、云南、西藏、陕西、甘肃、青海、宁夏、新疆、台湾、前卫体育协会、地质体育协会、航空体育协会、航天体育协会、化工体育协会、轻工体育协会、火车头体育协会、邮电体育协会、林业体育协会、银鹰体育协会、石化体育协会、煤矿体育协会、石油体育协会、汽车体育协会	田径、游泳、体操、艺术体操、举重、击剑、柔道、国际式摔跤、拳击、现代五项、马术、中国式摔跤、围棋、速度滑冰、短道速滑、自行车、航海模型、无线电测向、跳伞、足球、篮球、乒乓球、网球、手球、曲棍球、女子垒球(北京)、跳水、水球、花样游泳、技巧、射击、射箭、赛艇、皮划艇、蹼泳、滑水、航空模型、排球、羽毛球、棒球、武术(四川)、帆船和帆板(秦皇岛)。无表演项目

届次	时间	举办城市	参赛单位	项目设置
第八届	1997 年 10 月 12 日—1997 年 10 月 24 日	上海	解放军、北京、天津、河北、山西、内蒙古、辽宁、吉林、黑龙江、上海、江苏、浙江、安徽、福建、江西、山东、河南、湖北、湖南、广东、江西、海南、四川、贵州、云南、西藏、陕西、甘肃、青海、宁夏、新疆、台湾、香港、前卫协、地质体协、建设体协、电力体协、煤矿体协、工体育协会、火车头体育协会、邮电体育协会、水利体协、林业体协、银鹰体协、航空体协、石油体协、中汽体协	足球、篮球、排球（含沙滩排球）、乒乓球、羽毛球、网球、手球、曲棍球、棒垒球、田径、游泳（含跳水、水球、花样游泳）、体操（含艺术体操）、举重、射击、射箭、击剑、柔道、摔跤、拳击、自行车、赛艇、皮划艇、帆船（含帆板）、现代五项、马术、速度滑冰、短道速度滑冰、武术28 个大项 319 个小项。无表演项目
第九届	2001 年 11 月 11 日—2001 年 11 月 25 日	广东	解放军、北京、天津、河北、山西、内蒙古、辽宁、吉林、黑龙江、上海、江苏、浙江、安徽、福建、江西、山东、河南、湖北、湖南、广东、广西、海南、四川、贵州、云南、西藏、陕西、甘肃、青海、宁夏、新疆、台湾、香港、澳门、新疆生产建设兵团、火车头体协、金融体协、煤矿体协、前卫体协、林业体协、石化体协、航空体协、建设体协、水利体协、电力体协	田径、游泳、体操、艺术体操、举重、击剑、柔道、国际式摔跤、拳击、现代五项、马术、中国式摔跤、围棋、速度滑冰、短道速滑、自行车、足球、篮球、乒乓球、网球、手球、曲棍球、女子垒球、跳水、水球、花样游泳、技巧、射击、射箭、赛艇、皮划艇、排球、羽毛球、棒球、武术、帆船、速度滑冰、短道速滑和花样滑冰。无表演项目

届次	时间	举办城市	参赛单位	项目设置
第十届	2005 年 10 月 12 日—2005 年 10 月 23 日	江苏	解放军、北京、天津、河北、山西、内蒙古、辽宁、吉林、黑龙江、上海、江苏、浙江、安徽、福建、江西、山东、河南、湖北、湖南、广东、广西、海南、四川、贵州、云南、西藏、陕西、甘肃、青海、宁夏、新疆、台湾、新疆建设兵团、火车头体协、煤矿体协、前卫体协、林业体协、石化体协、通信体协、航天体协、冶金体协、水利体协、电力体协	赛艇、散打、帆船、马术、举重、射箭、击剑、水球、垒球、棒球、排球、手球、游泳、田径、帆板、柔道、体操、滑冰、跳水、篮球、拳击、曲棍球、足球、羽毛球、射击。无表演项目。

计分方法：

从第七届全运会开始，全运会举办的计分方法做出了一定的改革，实施奥运会奖牌带入全运会的方式，以 1:1 的方式进行带入。在第十届全运会中，又对奥运会奖牌的带入力度进一步增加，以 1:2 的方式带入到全运会中。此外为了调动各方面的积极性，还采用解放军运动员两次计分的方法，所谓两次计分设置，即解放军运动员在比赛中获得优异成绩，同时计入解放军代表团和运动员所处的原籍省市单位。

举办城市遴选办法：

这一阶段全运会的举办对于举办城市的选择，首次出现了创新，采用主办城市和协作城市共同举办的模式。限制举办城市这一规定的取消，为其他城市承办全运会提供了可能。

(三)阶段性特征

发展阶段的全运会，赛风赛纪问题较为显著，第八届全运会中的水球比赛犯规，第九届全运会赛马比赛中裁判由于吹黑哨被取消执裁资格，第十届全运会孙福明引发的"假摔事件"，孙英杰的"禁药丑闻"，这些事情对全运会的开展造成了恶劣的影响。此外,这一阶段的全运会对举办城市进行了调整,允许主办城市和协办城市协作开展,比赛地点呈现出由集中向分散发展的趋势。

五、调整阶段(2008—　)

全运会作为我国规模最大、影响最广、办赛时间最长的国内综合类体育赛事,其截止至 2017 年,已经成功举办了十三届。每一届全运会的成功举办都对我国的竞技体育事业发挥了无可替代的推动作用,从赛事效应来看,成功地选拔了众多的优秀竞技体育人才,推动了我国竞技体育在世界竞技舞台的竞赛能力提升。但是,伴随着我国经济社会的发展,现今的全运会赛事制度、财政、选拔机制以及省市计分制等规则,与我国人民对体育事业的发展需求已产生了诸多制约。例如,规模扩大的财政压力、金牌利益,导致黑哨、假球、兴奋剂等等一系列越轨行为。因此,全运会如何应对新发展阶段的新需求,竞技体育赛事与群众体育赛事如何有机融合,将少部分人竞赛的"精英体育",办成全民参与的体育赛事是国内多数学者的诉求。基于此,近几届全运会进行了诸多有益改革,尤其天津十三届全运会对竞技体育与群众体育在实操层面的融合进行突破,在其他多项赛事、赛制中更是做了多项创新之举。

第十三届全运会组委会根据我国的体育发展状况,以及国际情况,从运动员资格、运动队组队、群众参与等诸多方面推行重大改革,对十三届全运会的人员参与及赛事运作起到了重要的推进作用。

(一)取消金牌榜,鼓励跨省组队

往届全运会上的"唯金牌论""金牌至上",使得各基层训练队的竞赛管理中,出现了各种不良现象,如服用兴奋剂和违禁药品,暗中操作等,这种现象直接影响到我国竞技体育的健康可持续发展,因此,天津第十三届全运倡导"全运惠民、淡化金牌",并取消奖牌排名,金牌榜退出全运会场。同时,全运会为了凝聚全运力量备战东京奥运会,通过在全运会的 10 个大项 49 个小项上设置跨省组队比赛项目,来鼓励各省市在技战术配合类项目上合作组队参赛,来确保国家队运动员训练的系统性。天津第十三届全运会在一些竞赛项目上打破壁垒,实施跨省组队的政策,大大提高了比赛的观赏性。首先让往届因体育成绩较弱无法获奖的代表队有机会站上领奖台,激发他们增强体育发展的意识,促进了全国各地方体育事业的发展。其次跨省组队的提出，能够使高水平运动员强强联手，在全运赛场展现最高的技能水平，使团队可以完整的、系统的训练，默契配合，提高团队的竞技水平，从而为奥运做更充分的准备。最后，中国各地区在经济、环境、气候等各方面都有所差异，跨省组队可以将运动员资源流动，来均衡各省市代表队在实力上的差距，是我国体育事业能够健康发展。

(二)完善奖励与计分办法

天津第十三届全运会上取消金牌榜，但依旧保留计分制度并在计分政策上做出调整。取消全运会代表团成绩排名，以及涉及全运会上实施的足球、篮球、排球、冰球加牌加分办法和解放军两次计分办法、奥运会成绩计入全运会办法、奥运会联合培养运动员奥运会成绩计入全运会办法、全国冬季运动会成绩计入全运会共五个政策也一并取消。天津第十三届全运会在深化竞技体制改革中，奥运计分、解放军计分和协议计分等各项政策上最终画上完美的句号，消失于历史的长河中，它也成为历届全运会竞赛制度变迁中的亮点之举，载入史册。

(三)获奖运动员与教练员同场颁奖

天津第十三届全国运动会上，采用前三名运动员颁奖的同时，为主管教练同时颁奖；每个竞赛小项的每一名次对应一名主管的教练员；其中跨省组队的前三名则每单位对于一名主管教练员；若运动员同时获得二个或三个名次，则按照运动员获得的最高名次来为教练员颁奖，其他奖牌台后颁发，以确保全运会颁奖礼上的秩序。

天津第十三届全运会上，获奖运动员与教练员同台颁奖，是历届全运会中首次出现教练员与运动员一共走向领奖台的感人画面。此举，不仅强调了运动员的优异成绩，也体现了教练员在运动员培养过程中的重要作用，有利于鼓励教练员更好地为国家培养竞技体育人才，增强教练员的责任感，使教练员全身心地投入体育事业中，推动我国体育事业的发展。

(四)增设群众比赛项目

在天津全运会为了激发广大人民的热情参与，群众体育项目涉及广泛，增设了攀岩，轮滑，乒乓球，太极拳等19大项、126小项群众竞赛项目，尽可能地满足各类人群的爱好。凡符合条件的中华人民共和国公民(包括港澳台)都可以参加，由于偏远地区的特殊性,全运会还为支持西部大开发、援疆援藏等相关人员和少数民族地区运动员报名参赛提供便利和支持。这些普通的业余爱好者经过层层选拔,在全运的舞台上大放光彩。

天津全运会群众体育的增设,是历届全运会中一次的重大改革创新,这也是中国对全民健身运动高度重视的体现。大众从观众到参与者的转变,提升了大众健身运动的兴趣,提高了大众健身的热情,同时,全民健身也潜移默化的转变着群众的思想意识。长此以往,大众体育发展能够更好地与竞技体育相协调,从而对推动体育强国建设提供了深远的影响。

新事物带来正面影响的同时,还产生一些弊端。例如,群众体育项目的整体竞技水平无法有效提升,对赛事承办方的场地、制度、经费造成很大的压力,观众席出现观众稀少、空位等现象。这些为2021年陕西第十四届全运会的成功举办提供了经验借鉴。

此外,在全运会的发展改革中,少数民族参赛资格、业余选手参赛资格,以及海外高水平的华人华侨参赛等都已开展了良好的探索。这对于丰富全运会的项目设置,增进海内外民族团结具有重大的意义。

第二节　全运会的作用与功能

体育作为人类发展过程中社会文化活动的重要表现形式,长久以来伴随着人类社会和经济的发展,至今已经有十分久远的历史。体育运动作为一种社会活动,不仅能够增强参与者的身体素质,还能够间接地促进国家经济的发展、丰富人类日常活动。在和平的年代,一个国家体育运动发展的水平,是衡量这个国家竞争力和经济发展程度的重要标准,同时也是体现人类社会文明发展的重要指标。

体育在发展的过程中逐渐确立了以和平与团结为主的发展目标以及公平、公正、公开的体育道德价值。而这些发展过程中形成的目标和道德准则也逐渐被各个国家认可,并影响体育运动在世界范围内的发展和进步,扩大体育运动在世界范围内的影响力。对于我国人民来说,随着物质生活水平的提高,我国人民开始对精神生活的提高有所追求,以此来缓解其学习和生活带来的压力,这其中便包括了参与体育活动的方法,而人们主要目的则是通过体育锻炼方法的更新,更好地提高自身的身体素质,愉悦自身的心情,提高对于精神生活的追求和心理健康的发展。同时,这也反映出了当下体育运动对我国社会发展,在增强人民体质、丰富业余文化生活、培养意志品质等多个方面的帮助和不可替代性。全运会作为我国最高水平的体育盛会,其对于我国社会、经济、政治以及体育事业的发展有着不可替代的独特作用。

一、教育价值

全运会是我国体育事业发展的重要表现形式,也是体现我国运动员所具有的公平竞争、爱国精神、团队精神、竞技品质、体育技术以及不抛弃不放弃的体育精神的重要方式。人们通过运动员所展现出来的这些精神和意志品质,不断地改善自身的生活方式。

关于全运会的开展,其最大的教育价值便是教育人们在体育活动中要具备正确的道德观念,做到公平竞争和诚实守信,然后再去争取比赛的胜利。且通过竞技场上运动员的体育道德与社会公德的表现也能够在一定程度上反映该国家的发展水平与国民素质。原因在于竞技体育是以公平、公正、公开作为竞争的首要原则，其中还蕴含着民主、团结、诚实、协作等道德观念，这些对于人们来说也是不可或缺的文化素养，且具有重要的教育意义。全运会作为我国最大的体育盛会，运动员在比赛中所展现出来的运动精神和对于取得比赛胜利的追求，都能够体现体育运动对于人们的教育价值。另外，全运会中裁判员的判罚以及相关竞赛委员会的存在也是对规范竞争环境的一种维护，避免比赛中的一些消极因素对比赛造成不利的影响，继而对全运会的教育价值造成影响。

最后，对于我国来说，全运会的开展不仅仅是为了促进我国体育事业的发展，更重要的是借助全运会这一赛事平台，发挥其所具有的教育价值，通过赛事增强我国人民强身健体的意识，完善人民健身的观念，推进全民健身运动的开展，丰富人民的业余精神生活。

二、政治价值

除了教育价值之外，全运会作为全国性质的体育盛会对于增加我国民族凝聚力有着重要的促进作用。民族凝聚力作为社会力量的一种形式，也是一种社会语言，对于各行各业的人都有着一定的影响，是促进民族团结的关键因素之一。在和平年代，体育运动的发展情况便是各个国家之间政治博弈的另一种体现，这使得各国都十分重视体育运动发展，同时也说明了全运会所具有的政治价值。通过全运会的举办能够向世界各国展示我国体育事业发展情况，提升民族形象，提高我国在国际上的地位，增强民族凝聚力和自豪感。全运会向世界展示我国竞技体育发展的成果，向世界搭建了解我国现状的桥梁和展示我国发展的窗口。可以说，全运会的举办不仅有着重要体育意义，还肩负着扩大我国在世界上影响力的作用。所以说，全运会的举办被赋予了高度的政治价值，全运会从开展到结束都离不开政府的支持，体育比赛属于国际文化交流活动，其能够进一步促进国与国之间的综合性交流，极大地增进了各国人民的友谊。

三、经济价值

全运会的开展对于我国体育运动社会化和产业化的发展均有着积极的推动作用，是促进我国体育产业发展的重要方式。随着近年来我国经济的发展，全运会市场化的发展越来越明显,通过全运会的举办可以为当地带来一笔不菲的经济收入,这笔收入可以分为直接收入和间接收入两项。首先,直接收入主要由比赛的门票、周边纪念品、比赛转播权和冠名商的广告赞助等组成;间接收入则体现在交通、通讯、旅游、饮食等行业。其次,比赛的转播权和广告收入是推动全运会市场化的主要经济动力。最后,全运会的开展对于当地基础设施建设也是一种促进,但这种发展仅限于举办城市,很难做到全国性质的推广和发展。全运会的举办虽然会给承办城市带来许多经济收益,但在获得收益前,场馆的建设和改造则需要大量的资金,无论是硬件还是软件的配置都给全运会的举办省市带来了一定的压力。全运会的开展虽然具备一定的经济价值,但当前我国还需要进一步完善其市场定位,建立合理的开发格局。

四、文化价值

通过全运会的开幕式和闭幕式,人们能够很好地了解承办地的风土人情和文化氛围,切实做到将体育和文化相结合,这一点是其他社会文化活动所不具备的。同时这也彰显了全运会本身所具有的文化价值。首先,整个全运会最具有文化价值的便是开幕式与闭幕式,这是两个体现国家政治、经济、管理实力和民族文化、体育、艺术、科技水平的表演形式。其次,通过全运会的举办,能够更好地去挖掘举办地的文化资源,打造属于举办地的城市名片以及提升城市的文化品位。最后,通过全运会的开展,能够更好地促进当地的现代化建设、社会发展以及社会进步,甚至是为扩大该地在国际上的知名度。

每到全运会的举办年,人们能够通过欣赏高水平的体育比赛,激发出自身参与体育运动的欲望,通过享受和发展来满足自身的精神追求。全运会的举办对于我国体育事业科学化的发展起到了重大的推动作用,加速了高新技术在体育领域中的运用,推进了体育科技的发展。这也说明了全运会的召开在精神文明和体育文化的发展等方面给社会和大众带来生机和活力。从总体上来看,全运会中所具有的文化价值具体表现在提高人们的审美意识和情趣,更加深刻地认识到体育运动所传达出来的竞争观念、民主观念、民族观念等。

第五章　案例分析

本章提要：

以第十三届全运会为例，分析天津市全运会文化遗产的相关问题，以此为基础分析研究天津市体育公共文化服务供给的现状，深入分析体育公共文化服务供给侧改革存在的结构性问题、时代背景、取得的成就、取得的经验、存在的问题，并针对研究结果提出天津市体育公共文化服务供给侧改革的对策建议，为促进天津市体育公共文化服务质量的提高提供参考，为其他城市体育公共文化服务供给侧改革提供借鉴。

第一节　天津市全运会文化遗产

一、天津市全运会文化遗产探讨

全运会是动态的，不是一成不变的，每一届大型赛事的举办，都会为促进承办城市经济、文化的发展。全运会是一项综合性的体育赛事，全运会的开展对天津而言，有利于其本身体育文化和体育精神不断地传递，确保其文化遗产能够不断生存、发展下去。

（一）全民健身场所

为了举办全运会，天津市建设了一批高质量的体育场馆，以为全运会提供服务,而在全运会结束后,这些体育设施依然能够发挥重要的功效,可以为天津市居民日后的体育健身提供充足的物质支持。在第十三届全运会中,天津市抓住机会,关注公共体育设施建设,通过科学的规划与合理的布局进一步完善了体育公共文化服务,综合利用多种资源,促进体育公共文化服务供给侧改革,在各区县建设并改善了一定数量体育场馆的条件,以满足天津市居民对健身活动的需要。

(二)健康生活方式

第十三届天津全运会主题为"全运惠民、健康中国",在全运会开展期间,这一主题深入群众之中,促使群众养成的健康生活方式,而这种好的习惯,不会随着全运会的结束而消失,而是会一直继续下去。本次全运会将观众从过去单纯的旁观,变成参与到全运会中的人,改变了观众对全运会的认识。除了居民生活的改变,全运会期间兴建的体育场馆及相关配套设施,还会在之后很长的一段时间中,影响群众体育活动,逐渐改变人们的生活方式,同时为天津市体育产业的发展提供物质保障。

(三)后续发展动力

全运会结束后仍然会为天津市提供强有力的后续发展动力,促进天津体育公共文化服务的发展。天津市举办第十三届全运会时,抓住了这一难得的机会,在全运会期间开展全民健身活动,加强对群众体育设施投入,不断完善群众体育活动组织形式,促进了全民健身活动体系的科学性,使全民健身与竞技体育相结合,从而实现体育赛事和体育产业的双赢,缓解体育公共文化服务供给侧的矛盾问题。而随着全运会的结束,天津市的城市形象得到了进一步的提高,许多企业看中这一变化,投资信心增强,提高了对天津体育文化产业的投资力度,为天津市日后体育公共文化服务供给侧改革提供了充足的后备力量。

二、第十三届全运会文化遗产的特征

(一)独特的地域性

每一届全运会的主办地,都有不同的特色,这些鲜明的特色与城市文化密切联系在一起,并对全运会文化遗产的保护和传承有着重要的意义。全运会举办地的风俗民情、文化习俗、自然环境等因素,都影响着全运会文化,并且二者相辅相成。这些由不同地域所形成的不同体育文化,是全运会文化遗产地域性特征的最好体现。第十三届全运会,天津作为主办方,以《潞河督运图》为背景,运用 3D 技术惟妙惟肖地展示了天津漕运码头的景象和大运河文化,之后通过大型团体操展示了具有天津特色的霍家拳,而在奖牌设计上,本次全运会奖牌以波浪、塔尖的形状为创作元素,体现出天津的浓郁的津韵文化。独特的地域性是全运会文化显著特征之一。

(二)广泛的群众性

与往届全运会相比,天津市举办的第十三届全运会最大的亮点在于,群众项目的增加和群众参与度的提高。之前,全运会的参赛人员多数是地方、体育协会的专业运动员,各队成绩也被当成地方体育发展水平的标志。这样的赛制,有利于不断向国家输送高水平的专业运动员,提高我国在国际体育赛事上的成绩,但却忽视了全运会在促进群众体育发展、促进全民健身中的积极影响。因此,第十三届全运会,在赛制方面做出了改进,将更多的比赛内容面向普通群众,向公众敞开了参加全运会的大门。本次全运会共开设了 126 个项目的群众比赛,不仅包括常见的羽毛球、乒乓球等传统项目,更增加民族传统体育项目,如舞龙舞狮、健身气功等。在全运会的背景下,群众比赛项目的建立不仅促进了群众体育的发展,也促进了中国传统体育的发展,让更多的人能够在运动中感受中国传统体育文化的魅力,这也是第十三届全运会群众性的体现。

(三)全面的健身性

第十三届全运会将大众健身的理念深入到每一位参与者的心中,其"全民健身"的理念,也促进了体育产业的发展。随着我国对群众健身事业重视程度的提高,越来越多的资金向体育服务行业倾斜,政策的支持使人们逐渐认识到体育健身的重要性。本次全运会,为体育运动的全面推广提供了有力支持。在群众健身方面,第十三届全运会,中华民族传统体育项目的推广,使人们在体育比赛中能够感受中华传统体育文化的魅力,而一些传统体育项目,其简单易学的动作可以让锻炼者不借助器材,在家里就可以达到较好的健身效果。在高校方面,本次全运会还在高校建设了一批运动场馆和设施,为日后高校学生参与体育运动提供了充足的场所,对推动高校体育服务有着积极的作用。此外,天津市各区开展了"15 分钟健身圈""健身路径"等活动,通过全民健身的氛围营造,使更多的群众参与到体育健身的队伍之中,各种健身手机软件的流行,也使得健身运动变得更加便捷。

三、第十三届全运会文化遗产的价值

(一)深厚的文化价值

全运会的文化价值受举办城市历史、经济、社会等多个方面的影响,作为全运会文化遗产的内核,深厚的文化价值是驱动全运会文化遗产发扬光大的动力。随着国家对传统文化的重视,越来越多的学者深入研究了文化遗产方面的问题,目前对于世界文化的未来发展,主要有两个预测:其一,世界文化将在不断地碰撞中,逐渐融合;其二,各民族文化将在不断传承、创新的基础上,呈现出多极化的发展趋势。我国疆域辽阔、民族众多,传统文化一直在发展中不断地优化,对于外来的文化有选择地吸收、借鉴。全运会文化遗产是中华传统文化遗产的一部分,更是对我国社会发展水平的生动展示。

第十三届全运会最为突出的就是将天津市独有的文化与中华文化相结合,体现了全运会文化的精髓。汉字艺术作为世界上古老的文字之一,具有浓厚的中国传统文化的特征。第十三届全运会会标将汉字形象化、艺术化,以"津"字为主体,将其加工处理,与书法展示中国文化,会标中包含天空、奔跑、拥抱、海河、浪花等元素,反映了天津的地理特征和天津人真诚、热情、大方的形象。

除了会标之外,最能够体现物质文化遗产的就是建筑了,第十三届全运会中无论是改建后的天津奥林匹克中心,还是新建的团泊体育中心,都在天津市的建筑史做出了巨大贡献,这些建设承载着天津的体育梦想和人们对体育运动的美好向往。

第十三届全运会的开幕式,可谓是一场文化盛宴,开幕式利用声光电技术展示了海河、天塔、天津之眼等天津市的标志性建筑,展示了天津文化的包容性,随后的团体体操、武术表演更是表达了天津人民的热情,向观众传达和谐、开放、创新的城市发展理念。在火炬传递路线上,各地主要以地标性建筑为标志,展示不同区域的文化风采,向观众灌输火炬传递的主题思想,通过火炬接力,全运会各参赛者的凝聚力和向心力得到增强,为之后体育活动的开展奠定了坚实的群众基础。

为全运会创作的文学作品体现了全运会文化、天津文化和中华传统文化,具有较高的文化价值,这些资料记录了全运会的相关创新点、闪光点,是全运会文化遗产的物质载体,将这些录像视频、文字资料等整理归档,能够为子孙后代的研究与学习提供宝贵的参考资料,同时也有利于对全运会文化遗产进行深入探索和保护。

(二)丰厚的经济价值

天津全运会文化遗产,除了其寓意深厚的文化价值之外,还包括了丰厚的经济价值。体育文化服务行业本身就具有相当大的经济价值,在实际运作中,体育产业可以运用不同的手段,来实现经济效益,但全运会文化遗产的文化价值并不等同于经济价值,这就需要从不同方面来进行分析。第十三届全运会结束后,其新闻中心被改造成群众健身中心,继续在促进群众参与体育健身事业中发挥着巨大的作用,并且以新改建的全民健身中心为起点,周围地区体育产业也得到了的发展,一些商家看中了全民健身中心较大的人流量,在其周围建设相应的体育用品店等设施,为天津市与体育相关的行业带来了可观的收入。以本次全运会的主场馆水滴体育场为例,其被改建为比赛专用场地,前期一直作为中超联赛天津泰达足球俱乐部的主场,同时在比赛的空闲期间,水滴体育场还接受大型商业活动,这极大地提高了体育场地利用率,也是体育场经济价值的体现。全运会的体育中心场馆则被改建为天津地方队的训练专用场地,为天津市十余个地区的十九支运动队提供水平较高的训练场地,为天津市体育人才后备力量的培养提供有力的支持。除此之外,在校园新建和扩建的场馆,也将在学校日常使用的空闲时,承接一些比赛,为促进天津市体育产业的发展提供充足的场地保障。虽然校园内的场馆所带来的经济效益较少,但有其所辐射出周围产业的消费,却能间接的带动经济的增长。

除了体育场馆方面,第十三届全运会文化遗产的经济价值,还体现在旅游方面,在全运会举办期间,天津东疆湾景区得到了充分的开发,在其作为皮划艇、帆船项目场地的基础上,进一步增加了旅游区的特色功能,以主题馆的形式,打造了妈祖文化园、海洋博物馆等一系列场馆。这些场馆的建立吸引了环渤海、"三北"等地区的大批游客,为天津市的旅游产业带来了巨大的收益,也使天津市打造海洋都市旅游目的地的计划逐渐实现。以全运会带动旅游行业的发展,增加地方经济收益,是第十三届全运会文化遗产经济价值的重要体现。

全运会的文化遗产是全运会赛事文化与电竞体育文化的融合,在这一融合过程中,带动了天津市体育文化向资本化发展方向的迈进,通过全运会的举办,促使更多的人认同天津体育文化,认识天津传统体育项目,并对天津产生浓厚兴趣,愿意来此旅游。总体而言,第十三届全运会文化遗产,促进了天津市经济的增长,为天津市带来了极佳的经济效益。

(三)独具一格的艺术价值

不同于以往,现在人们对体育竞技比赛的关注点,逐渐偏向于比赛过程中体现的美感,像跆拳道、健美操等项目比赛规则的改变,就是为了适应人们对体育竞技比赛美感的要求。而在本次全运会中,也有很多艺术特质融入全运会的文化遗产之中,这些艺术元素的加入,让全运会的文化价值不断得到升华。

第十三届全运会的吉祥物,带有鲜明的天津特色,吉祥物的造型来自明代杨柳青木模板年画娃娃的造型,并融入了现代漫画元素特色,使传统文化彰显出了现代时尚的气息,是现代艺术与古代艺术的完美融合。吉祥物津娃的造型生动、形象,充分体现了天津开放、包容、爱国、务实的精神,津娃身着牡丹图案的服饰,这也代表着其对美好生活的追求,寓意着国家昌盛,人民生活幸福。

十三届全运会发行的邮票,以吉祥物津娃的造型为基础,群众体育、竞技体育竞技为主旨进行设计,整体造型以银白色为主,通过不同颜色的渐变和独特的双层镂空工艺,体现出了天津市全运会文化遗产独特的艺术价值,而邮票中浪花与祥云的元素,既体现了天津的特色文化,又代表着祝福的寓意。

除了亮眼的吉祥物,邮票的设计之外,第十三届全运会中火炬奖牌等其他纪念品的设计,也体现出了本次群英会独具一格的艺术审美,这些设计中加入的汉字、图形等中国传统文化元素,以古今结合的形式,使全运会文化遗产,以一种新的、独特的视角呈现在人们的眼前,尤其是设计中融入的杨柳青年画元素,唤醒了年轻一代人对传统艺术美的认识,对促进年轻人发现体育运动中所蕴含的艺术美有积极的影响。同时对于展现地方文化特色、传承地方体育精神和人民精神风貌,具有重要意义。

(四)深刻的教育价值

一场成功的体育赛事,不仅给观众带来了视觉的享受,更是为了体育精神、体育文化的传播与弘扬,以全运会为契机向群众普及体育运动知识和天津体育文化,是第十三届全运会的教育价值所在。以全运会为平台,通过参与全运会活动的方式,对学生进行教育,是快速提高学生体育知识水平的有效措施。在第十三届全运会期间,天津市各中小学运用这一模式,在教育教学中产生了良好的影响,让中小学生更好地了解全运会理念,了解天津的体育文化,弘扬体育精神。而对学生的教育,可以在其心中种下体育运动的种子,增强学生对体育文化的认知并增强其主人翁意识,培养学生拼搏向上、不断超越自我的理念,增加这些学生日后加入体育行业的概率。而将全运会的一些竞技项目放在高校进行,可以使更多的学生了解全运会,参与到全运会之中,设身处地地感受全运会的文化氛围和改革变迁,从而推动高校体育的发展,促进"健康中国"思想在校园中的传播,使学生能够在浓郁的体育运动氛围中,养成坚持体育锻炼的习惯。让更多的学生参与到体育运动之中,以此获得成长,是第十三届全运会教育价值的体现。

第二节　天津市体育公共文化服务供给现状分析

一、天津市体育公共文化服务资金情况分析

从当前天津市体育公共文化服务供给现状来看,体育公共文化服务供给的资金主要来自三个方面。第一部分来源于国家财政对天津市发展的资金投入,根据资金来源的特点,天津市本着"科学利用"的基本原则,将资金投入到体育公共文化服务供给相对较弱、相对不足的乡镇地区,从而提高乡镇地区居民体育公共文化服务质量,缩小乡镇居民与城市居民之间在体育公共文化服务方面的距离,进而缓解供给矛盾,促进体育公共文化服务进一步发展。第二部分来源于天津市政府公共财政专项资金投入,近五年来,天津市政府在公共体育文化服务方面的投资总计约2.17亿元,同时按照"分步骤、分阶段"的原则,根据各区体育公共文化服务供给的实际情况,进行体育运动场馆以及相关文化场馆的建设,让好钢用在刀刃上,让宝贵的资金用在有需求的地方,极大地满足了天津市居民对体育公共文化服务的需求。第三部分资金来源于体育彩票公益金,通过对《天津市体育总局体育彩票公益金使用情况公告》进行分析可以发现,近三年来天津市体育总局共使用资金8831万元用于帮助群众体育协会、群众体育文化社团等社会组织的建设,同时利用资金开展了多项社区体育健身文化活动,完善乡镇、社区体育运动场地及器材。

由此可见,天津市在体育公共文化服务供给方面的资金投入较为多元化,但不足的是资金投入大多来自政府方面,而来自社会方面资金投入相对较少,这就使得天津市政府要面临较大的资金投入压力,这在一定程度上会影响天津市体育公共文化服务的进一步发展。

二、天津市体育公共文化服务社会体育指导员情况分析

天津市政府根据《全民健身计划纲要》以及《全民健身条例》的实际要求,同时结合本市体育公共文化服务发展的实际情况,制定了《天津市社会体育指导员"十

三五"发展规划》以及《天津市社会体育指导员管理办法》,并根据文件的具体要求,构建了以天津市体育部门为主导,社会体育指导员积极参与的社会体育公共文化服务工作体系。与此同时,社会体育指导员作为社会体育服务工作的重要指导者,天津市政府对社会体育指导员的相关工作格外重视,并且根据社会发展对社会体育指导员的需求,制定社会体育指导员培养计划,同时为提高社会体育指导员工作能力及水平,完善社会体育指导员考核制度以及服务机制。虽然天津市政府对社会体育指导员方面较为重视,但是从当前实际情况来看,天津市社会体育指导员数量较为不足,并且城市与乡镇之间体育指导员的人数相距较大、专业水平也良莠不齐,不同区域社会体育指导员队伍的发展水平也不平衡。通过调查后发现,当前天津市社会体育指导人员大约有 2 万余人,其中高水平、高层次的国家级社会体育指导员人数较少,并且绝大多数的社会体育指导员工作开展地点为城市社区,在乡镇开展工作的社会体育指导员人数较少。另外,社会体育指导员在工作完成情况方面不足,通常情况下仅能完成工作目标的 60％左右,影响了社会体育指导员工作开展的实际效果,不利于天津市体育公共文化服务供给质量的提高。

第三节　天津市体育公共文化服务供给侧
存在的结构性问题

一、公共文化服务体系建设供给主体结构单一

公共文化服务提供的方式和内容并不是由政府单方面决定的,而是由当地公众选择自发形成的。在政府向公众提供公共文化服务时,相关的决策者和经营者必须根据公众的具体要求和当地的实际情况对提供服务的方式和内容进行选择。实际工作中,对于非政府组织或企业等第三方在规划制定过程中的参与度很低,而且供给侧的参与是在政府既定的框架下进行活动的,这就削弱了第三方力量在体系建设方面的作用。

这样的供给方式影响了公共文化服务的多元发展。在当下的发展模式下,政府和文化部门等公权力对文化服务的干预过多并且调控手段较为强硬,社会上的民间文化组织,相关的私人或合资企业,文化产业公司和个人对于公共文化服务建设的参与度较低。这不利于公众对于公共文化服务产业的认可,也影响了其主动参加建设工作的动力,这种自上而下的运作模式不利于供给侧的灵活调整,不能够契合市场对于供给侧的实际需求,导致了相关文化服务产品与公众实际需求之间的偏差。

二、供给模式创新不足

天津当地公共文化服务供给的相关决定多数是将政府的意见作为决断的依据。首先在公共文化服务供给方面的工作缺少科学的规划和完善的管理体系,另外市场没有对供给机制产生足够的影响,不利于产品导向的及时变化,最后没有对已经在规划内的建设项目进行充分的听证和研究,存在急功近利的弊端,不能够及时发现问题解决问题,而且在公共服务的实际运营过程中缺少有效的监管,难以对公共服务产生的社会效益进行准确的评估,后续管理乏力,不能够实现公共服务供

给水平的有效提高。

第一,在公共文化政策方面缺少对供给侧管理的指导性文件和相应的管理体系。天津市在2018年起草并实施了《天津市公共文化服务保障与促进条例》,该文件对天津市公共文化建设提出了总体要求,并列举了有关保障措施和相应激励手段,并对相应的建设工作中可能涉及的权利划分和责任认定进行了规定和解释。该条例为了加快公共文化服务的快速发展,以满足公众对文化生活的迫切需求,缓解当下中国的主要矛盾,结合当地具体条件,对公共文化服务建设工作做了具体的要求。该文件虽然列举了诸多用于文化服务的建筑物、场地和设备等,但是在文件要求中没有对当地各个区县或街道的公众的具体要求进行有效的调研和分析,使用了传统的粗放建设发展模式,以相关设施建设的数量和速度为主要的工作评价指标。另外没有针对在建设成果与公众其他需求相冲突,或对无法满足公众更迫切需求的情况进行预案,造成了大量的社会资源的浪费和财政的流失。

第二,社会参与度不高。政府主导的公共文化服务建设不利于社会力量对于供给结构的优化,虽然有一些服务是由政府向企业购买的,而企业作为服务的供应主体,在经营和管理过程中受到政府的制约,不能灵活应对市场和公众需求的变化,且形式单一。

第三,项目的实施缺乏必要的事先研究和听证。在整体的供给结构中,缺少从公众吸收意见和建议的必要步骤,同时没有对工程建设后的具体运营情况进行有效的监督和评价。对于整体计划进行大概的制定工作之后,缺少后续的详细步骤的指导文件。另外在进行规划的过程中,没有实时的掌握公众的迫切需求增长点的变化情况,文化建设项目没有配置相应的统计统筹部门,不能够及时更改规划内容中不合适的部分,降低了文化建设与公众需求之间的契合度。

三、供给产品设计不科学

天津市政府对于公共文化服务体系的建设投入了相当丰富的资金,并在2015年就设立了专项资金,并发布了《天津市基层公共文化服务体系建设专项资金管理办法》,以确保资金得到充分的利用。但是目前天津当地群众对于公共文化服务产品的满意度较低,主要原因不是天津政府没有在公共文化服务体系建设工作给予足够的资金支持,也不是建设的相关服务产品的总量不足,而是在于供应端与需求端之间的存在偏离,资源的投入产出比偏低。一方面造成了精准供应缺乏,使得很多文化活动项目参加的人数不足,同时还存在一部分公众的文化生活需求得不到满足;另外一方面导致文化产品结构构成不全面,没有依据不同人群的具体需求进行有针对性的投放。同时在工作中缺少对公众的正确引导以适应先进的文化发展方向。从总体的角度出发,供给产品结构没有进行深入的优化,个性化不足,缺少区域特色,突出表现在以下两个方面:

第一,硬件服务设施的建设规划没有以充分的调研结果为依据,导致供需脱节。在项目内容、安置地点、规模大小等与公众的迫切愿望存在偏离。

第二,软件类服务内容不合理,没有引导公众正确参与文化活动,如图书阅览、文化展览、艺术表演等形式。天津市虽然提供了较多类似的软件服务,但是在组织形式和内容的选择上没有做到与时俱进,公众的满意度维持在较低的水平。比如城镇居民对于读书的热情不高。政府在进行图书馆的设施建设的同时,要注意引导公众将兴趣向阅读等方向转移。另外在组织文艺汇演等活动时,没有加入当地群众喜闻乐见的内容,存在宣传力度不足等问题。

第四节 天津市体育公共文化服务供给侧
改革的时代背景

优秀的文化是一个民族的灵魂所在。2016年底,国家为了从根本上保证人民群众对精神文化生活的需求,颁布了《中华人民共和国公共文化服务保障法》,其中要求各地政府应当构建现代公共文化服务体系,保证当地群众正常文化生活活动的开展。近年来,随着天津市政府牵头的公共文化服务建设工作的顺利推进,取得了较多的成就,但是按照"三个着力"要求,对照天津在城市建设方面的总目标和总方向,在公共文化服务领域的政府管理机制还存在明显的短板,主要包括:地区之间公共文化服务发展水平不一致、工作效率低,不能够完成对群众各种需求的全面满足,公共文化服务设施不能保证有效的利用,呼吁公众参与公益活动积极性不高。为了促进体育文化公共服务优质化的全面发展和协调发展,保证相应的基础设施建设到位,补齐工作中存在的不足,应将目前的工作重心放在通过立法实现公共文化服务的标准化管理,建立有效的保障公共文化服务顺利开展的监督机制,既保证群众最低限度的公共文化生活,又尽量提高服务质量和水平,推动天津市公共文化服务实现高质量、高水平的发展。

天津市对于如何进行公共文化设施的建设与管理以及相应的保障措施和激励与促进手段进行了规定。首先,明确了政府在公共文化设施建设与管理过程中扮演的角色。在工作开展过程中,政府的主导作用和领导地位的保证作为首要原则,明确各级政府以及政府的不同部门之间的权责划分。其次,引导社会力量参加公共文化服务工作,并制定相应的政策和工作机制,有效提高公共文化服务的发展动力,并且促进公共文化服务工作展现旺盛的生命力。最后,要扩大公共文化设施的建设工作规模,针对公共文化设施的辐射范围,相关信息公开,选址招标情况以及运行经营情况进行了详细的规定,并且突出强调基层的建设工作必须坚持整体对天津市的体育文化现状做出必要的管理调整和水平的有效提升,确保文化体系的"最后一公里"工作的顺利开展,保证文化资源的利用能够落到实处,真正做到惠及基层、惠及农村、惠及普通百姓的建设要求。然后要多举措并进,保证惠民服务全面落地,坚持在公共文化服务工作方面的公益性和均等性,做到为人民群众带来真正的便利,群众都能机会均等地接受公共文化服务带来的变化,有多部门合作协同推进服务体系向基层深入和推进。最后要丰富公共文化服务的提供来源,发挥公共服务的真正效能,鼓励和支持民间企业和机构对公共文化服务建设进行支持,与科研院所、高等院校、高新技术企业等单位进行业务上的合作,保证先进的技术手段和管理经验能够用在公共文化服务产业的管理工作中并发挥效能,提高政府的公共管理水平。

第五节 天津市体育公共文化服务供给侧
改革取得的成就

天津市政府高度重视体育公共文化服务供给侧改革,各个区、县通力合作,定期开展经验交流会议,以提高供给质量服务为出发点是体育公共文化供给侧改革的基本要求,不断完善供给结构是供给侧改革的根本目的,同时体育公共文化供给侧改革还应当扩大供给内需,从而满足居民对体育公共文化服务的需求度,努力落实让大家都能够得到满意的体育文化服务体系这一最终目标。

天津市滨海新区根据《天津市全民健身实施计划(2016—2020 年)重点任务分工》规定中的具体要求,始终坚持在工作之中以"重普及、抓活动、促建设"为基本思路,在体育公共文化服务供给侧改革上取得了较为显著的成果。

推进"五个一工程",使体育公共文化服务水平得到整体提升。在公共体育设施方面,天津市滨海新区始终坚持以民为本,对本地区不同类型体育场馆的运营管理方式进行优化,即在规范、合理运营的基础上提升体育场馆的开放率,进而提高天津市滨海新区体育公共文化服务水平。

完善体育健身设施,提高人均健身运动场地面积。为了满足天津市居民对体育公共文化服务的需求,天津市滨海新区政府将提高人均健身运动场地面积作为民生工作的重点,截至 2018 年底,滨海新区在乡镇、居民社区等地共建设健身园 133 个,笼式多功能运动场、笼式篮球场、足球场等 14 个,建设并升级了 4 个街道居民活动中心,实现了滨海新区"15 分钟健身圈"的构建。

全面发展冰雪体育项目,满足居民多样化的健身运动需求。随着天津市体育运动事业的不断发展,居民对运动健身的需求已经不再满足于传统的运动项目,越来越多的居民开始进行冬季健身、冬季锻炼,因此滨海新区政府根据当地居民的实际需求,引导并支持社会力量建成四座冰雪运动场,极大地满足了滨海新区居民多样化的运动健身需求。

2017 年 6 月 30 日至 7 月 15 日,第十三届全运会健身气功、柔力球、国际象棋、围棋、象棋、国际跳棋等六项群众比赛项目在天津市滨海新区举行,这不仅使滨海新区居民观看了精彩的群众体育赛事，还让当地居民通过健身气功、柔力球、国际象棋、围棋、象棋、国际跳棋等六项赛事了解了极为丰富的体育运动文化，在一定程度了促进了天津市体育公共文化服务供给侧改革的不断进步与发展。

2017年8月20日，第十三届全运会火炬传递活动途径天津市滨海新区，滨海新区政府对火炬传递活动高度重视，并按照全运会主办方要求，认真筹办火炬传递工作，确保了火炬传递活动安全、顺利进行，滨海新区的组织工作得到了全运会组委会的肯定，荣获了优秀赛事承办单位和群众比赛最佳赛区称号。

天津市东丽区体育公共文化服务工作者坚持以"以人为本、围绕中心、服务大局"的体育公共服务工作方针，在体育公共文化服务供给侧改革方面取得了较大的成果。

在优化与完善东丽区居民体育运动场地设施方面，东丽区根据当地居民的运动健身需求，共建成四座全民健身活动中心，分别为华明健身活动中心、金桥健身活动中心、军粮城健身活动中心以及华新健身活动中心，除此之外还包括无瑕街、军粮城街4个多功能运动场和21个社区健身园，并将东丽湖、金钟新市镇全民健身公园免费向社会开放。

推行全民健身暖心服务计划，全面开设免费专场100场，并安排社会体育指导员指导基层群众健身活动75场，总计服务居民25万余人次。除此之外，为满足居民专业的健身运动学习需求，开展各类培训50场，培训人数共计5000余人，同时开展"我要上全运"活动以及东丽区第七届全民健身大会等活动。

推进"全运惠民工程"，深度优化公共体育服务体系，并将区内体育馆对外开放经营。为满足居民多样性的观赛需求，2017年东丽区引进CBA全国篮球联赛、津武风云、极限功夫争霸赛等赛事并获得成功，同时举办了18场全国啦啦操锦标赛等赛事，极大地满足了东丽区居民对体育赛事观看的需求。

根据天津市体育文化服务供给侧改革的实际要求，武清区始终坚持以"服务百姓、体育惠民"为宗旨，全面发展公共体育事业，从而推动天津市体育文化服务供给侧改革的不断深入，并取得了丰硕的成果。

第十三届全运会期间，武清区承办了天津国际马拉松赛，接待并服务群众组参赛人员4128人，迷你马拉松赛参赛选手6000人，专业马拉松赛事选手121人，总计服务10249人。在武清区工作人员的努力下，赛事全程都保持着和谐、稳定、井然有序的状态，受到了参赛选手、观赛群众、赛委会以及社会各界的一致好评。

2017年8月26日至9月6日，第十三届全运会乒乓球相关赛事在天津市武清区体育中心举行,比赛期间共有 8 万多观众在现场观看了比赛,来自全国的 24 支乒乓球队伍共计 176 名运动员向观众呈现出精彩激烈的乒乓球赛事,极大地满足了居民的观赛需求。

在整个全运会期间,武清区承办了马拉松、乒乓球、马拉松游泳、铁人三项等多项赛事,共计接待全运会赛事观众 20 多万人次,给武清区居民带来了多场精彩的体育运动赛事,在满足群众对体育赛事观赛需求的同时,也使人们的体育文化素养得到了提升。赛事期间,共有 1200 多名来自世界各地的记者前来报道第十三届全运会比赛情况,井然有序的比赛秩序和良好的比赛环境给前来报道的记者以深刻的印象,这使得武清区的知名度有了显著提高,间接促进了天津市武清区经济、人文等方面的发展,从而使天津市居民享受到了更多体育公共文化服务。

组织开展丰富多元的体育活动。以喜迎全运会为主题,天津市武清区政府以购买服务的方式,大力支持体育组织,鼓励积极开展全民健身活动。武清区政府全面推进"五个一工程"建设,并将该工程纳入区级重点建设项目中,从而使天津市武清区体育公共文化服务体系得到全面提升。作为天津市武清区重点建设工程,"五个一工程"在建设上以提高全市体育文化服务综合供给能力为宗旨,以促进天津市武清区体育事业发展为目标,最终取得了丰硕的成果。"五个一工程"推进期间,圆满完成了武清区体育中心建设任务,体育中心共占地 280 余亩,总投资 10.6 亿元,于 2017 年 5 月交付使用,极大地满足了武清区居民对体育场地方面的需求。另外,在工程期间将北运河休闲旅游驿站建成为国际一流体育公园,并为各个行政村、街道配置体育健身器材 160 余套,建成健身运动广场、健身文化主题公园 651 个,文化体育中心 24 个,使天津市武清区人均体育运动场地面积提升至2.4平方米。

由此可见,近几年来天津市政府以第十三届全运会为依托,全面推进体育事业健身以及体育公共文化服务供给侧改革,取得了十分丰硕的成果,不仅带动了当地体育相关产业的发展,也使天津市居民享受到了更多体育公共文化服务,进而促进了整个城市的发展。

第六节　天津市体育公共文化服务供给侧改革取得的经验

一、认识到体育公共文化服务供给侧改革的重要性

天津市政府将体育公共文化服务供给侧改革纳入居民服务重点工作项目,从而让天津市居民能够享受到更加丰富的体育公共文化供给成果,进一步提高天津市居民生活质量以及居民体育文化素养。天津市政府在供给侧改革期间要求各区政府在体育公共文化服务建设期间保持供给侧改革思想上的高度统一,将全面提升各地区体育公共文化基础作为最终目标,根据居民实际需求做好体育公共文化服务工作,同时按照体育文化的特点和地区体育事业发展的实际情况,构建符合地区特色的体育公共文化服务体系,从而丰富当地居民的文化生活,促进居民体育文化素养的提升。在天津市体育公共文化服务供给侧改革的推进过程中,天津市政府先后颁布了《关于发展国家公共文化示范区创建工作意见》等促进城市公共文化发展的意见和纲要,使得天津市体育公共文化服务供给侧改革有了规范化标准。天津市体育公共文化服务供给侧改革给天津市体育产业以及文化产业带来了生机与活力,不仅满足了天津市居民对体育公共文化服务的需求,提高了体育公共文化服务的供给质量,还在一定程度上促进了体育产业的发展,进而推动了城市的整体进步与发展,让天津市政府深刻认识到了进行体育公共文化服务供给侧改革的重要性。

二、注重制度建设完善供给体系改革

天津市体育公共文化服务供给侧改革的经验告诉我们,体育公共文化服务供给侧改革应当注重制度方面的建设,从而使体育公共文化服务供给侧改革体系不断趋于完善,使体育公共文化服务供给侧改革更有依据。天津市政府为使体育公共文化服务供给侧改革更加规范化,同时为加强公共文化供给体系,先后颁布了

《关于推进国家公共文化示范区创建的意见》和《关于推进基层综合性文化服务中心建设的实施意见》等政策性文件，为体育公共文化服务供给侧改革提供了制度上的保障，进而使公共文化服务供给体系更加完善。

三、重视建设公共文化供给改革示范区引领方式

创建国家公共文化供给改革范围整合，优化政府部门统筹，发挥典型带动、示范区效应，提升公共文化结构化改革。天津市作为公共示范化城市之一，在建设方面始终依照国家公共文化示范区的标准来进行，并且天津市政府鼓励各区级政府积极加快公共示范区建设，贯彻"先发展带动后发展"这一理论，从而使天津市体育公共文化服务供给水平得到整体提升。创建示范区计划的实施过程中，天津市各区级政府累积投入建设资金 16.4 亿元，投资项目涉及体育公共文化活动室建设、体育器材扩充与维护、体育文化宣传、体育公共文化服务网络平台建设等多个方面，同时示范区在供给侧改革过程中发挥出了十分重要的带头作用，不仅为非示范区体育公共文化服务供给侧改革提供了丰富的改革经验，同时也极大地促进了天津市体育公共文化服务供给侧改革的整体效率。

第七节　天津市体育公共文化服务供给侧改革存在的问题

在一个飞速发展的时代,经济的进步带给大家生活水平上的提升。在衣、食、住、行得到满足后,人们逐渐产生了更高的需求。天津市作为我国对外开放、贸易、文化交流等的重要港口城市,不断受到外来新事物的冲击,天津市各个年龄段的居民对体育公共文化都有自己的高层次要求,以前古板、单调的文化供给已经无法满足天津市居民的需求,这就使得天津市体育公共文化服务供给侧存在着一些问题,其中主要问题有以下几点。

一、发展不充分,供给总量低

从天津市体育场地普查结果报告中我们可以看出,当前天津市共有体育场馆22 个,其中室内体育场馆 5 个,室外体育场馆 17 个,总面积约 120 万平方米,如果按照天津市人口与体育场馆面积进行平均分配,人均可使用的体育场地面积不足1 平方米,与美国人均场馆面积 16 平方米、日本人均场馆面积 19 平方米相比还是相距甚远,不仅仅是在人均体育场馆面积方面,在体育场馆质量上与发达国家相比也有着较大的距离。天津市体育运动场馆以及运动场地的相对不足给天津市的发展带来了诸多的影响,例如,近几年国内发生的"暴走团占领机动车道"等问题的根本原因是居民对健身的需求与健身场地供给之间存在矛盾。

不仅仅是天津市居民对健身的需求与健身场地供给之间存在矛盾,更为重要的是各个区域基层组织直接参与体育公共文化服务的技术人员以及管理人员严重缺乏,而这些人员的缺乏导致的最终结果就是公共体育服务组织无法正常运作,体育场馆以及其他群众健身场所存在的设备损坏、器材损坏问题得不到及时维修,难以满足天津市居民进行科学健身、合理锻炼的需求。通过查阅相关文献资料后可以发现,近几年来天津市社会体育指导员无论在数量上还是在质量上都有了大幅度的提升,但是仍然存在供需矛盾,无法满足天津市居民对于体育健身的需求。

随着我国改革开放进程的不断深入,天津市作为我国北方重要的港口城市,始终高举改革开放伟大旗帜,走在发展的前列。而社会、经济等方面的进步使得当地居民对高质量生活的需求越发强烈,并且随着天津市体育产业不断发展与进步,体育消费的新产业综合体、新业态、新融合模式也在不断出现,这使得天津市居民已经不再满足于传统单一的跑步运动以及篮球、足球等普遍性运动,而是更加追求多元化、个性化、科学化的高品质健身运动。除此之外,天津市的社会结构也在不断发生变化,社会大众对公平、公正的认知与追求不断提升,当地居民的权利意识也在不断提高,这使得当地人民对公共体育服务提供的方式、程序等有了更高的要求,简单的公共体育服务供给方式显然已经满足不了群众需求。综上所述,解决体育公共文化服务供需在结构之间存在的匹配性矛盾,首先要做的就是提高天津市公共体育服务供给数量与质量。

二、供给效率低下,地区发展不平衡

对于体育公共文化服务来说,其有着较为明显的特殊性,即兼顾事业与产业两大特性,因此公共体育资源的分配以及公共体育文化服务将受到当地政府和市场的双重调控,而政府调控与市场调控共同作用于公共体育,势必会引发一系列的问题。首先,在双重调控背景下公共体育资源与服务极容易出现浪费现象,通过查阅相关文献资料后可以发现,天津市绝大多数校园内的体育场所是不允许外来人员进入的,公共体育场偶尔开放对于群众来讲远远不够,这使得数量众多的体育场馆在赛事结束后便一直处于空闲状态,再加上体育场馆在管理运营方面的僵化,导致天津市体育公共资源的浪费、供给效率低下;其次,由于天津市居民对于健身、参加体育锻炼的需求在不断提升,政府方面开始通过购买公共体育服务的方式来满足居民这一日益增长的需求,但是这中间存在政府购买公共体育服务数量和覆盖面有限等一系列问题;最后,天津市存在发展不平衡的现象,即靠近市中心的地区发展程度较好,居民生活水平较高,而远离市中心的郊区或是乡镇地区则发展水平较低,这使得居民所获得的体育公共文化服务无论是数量还是质量上都有着较为明显的不均衡现象,进而影响了天津市体育公共文化服务供给侧改革的进一步推进。

体育公共文化服务发展的不平衡是影响天津市体育公共文化服务供给侧改革的重要原因之一。天津市体育公共文化服务发展的不平衡主要体现在两个方面,第一,区域资源配置的不平衡,即城市的经济发展水平会随着距离市中心的距离变远而逐渐下降,这就导致政府对不同地区体育公共服务的财政投入有所不同,也就是说对于经济发展较好、财力较强的地区政府为居民提供的体育公共文化服务的数量就较多,质量也就越高,而对于财力较弱的地区,政府为居民提供的体育公共文化服务的数量就越少,质量也相对较低;第二,城市地区与乡镇、农村地区体育公共文化服务资源配置数量上的不平衡,进而使乡镇居民产生不公平感,最终造成城乡体育公共文化服务资源的结构性失调,导致乡镇居民所能够享受到的体育公共文化服务质量和数量远远低于城市居民,甚至是被"边缘化"。

三、体制改革滞后,供给质量较低

公共服务的供给形式可以根据供给主体的不同而进行划分,例如,主要的划分形式有政府主导的权威型供给、私人主导的市场供给、以资源为前提的自主性供给、多元主体的网络供给等,而这四种供给模式又可以根据供给主体的单一与否分为政府权威型供给、私人市场供给和自主性供给,而这些供给模式的主体主要为政府、企业以及第三部门,多元主体的网络供给的供给主体为由政府、企业、第三部门组成的网络系统。对于天津市体育公共文化服务供给来说,当前所采取的供给模式主要为政府主导的权威型供给,而私人主导的市场供给和以资源为前提的自主性供给虽然也有所涉及,但由于力量较为薄弱,因此无法发挥出明显作用。当前较不完善的社会力量参与体育公共文化服务机制既不利于社会体育组织的发展,同时也不利于体育行业市场组织的进步,进而导致供给主体单一、居民所能享受到的公共体育服务质量低、数量少。

第八节　天津市体育公共文化服务供给侧改革的对策建议

一、推进体育公共文化服务体系的共建共享

提高居民身体素质、促进居民身体素质全面发展、以丰富天津市居民健身体育文化生活、推动天津市体育产业经济稳固发展是天津市体育公共文化服务工作的重点内容。因此,天津市将体育公共文化服务作为促进居民身体健康发展的一个手段,贯彻落实以人为本这一理念,将全民健身作为党联系人民群众、服务人民群众的一种纽带,实现其民生价值;充分发挥体育产业健康、绿色、低碳、环保的特点,大力开展本地区特色体育生态环境;根据天津市特点,发展具有本地区特色的体育竞技项目,同时创建地区体育品牌,从而利用体育产业拉动本地经济发展,推动天津市体育公共文化服务供给侧改革。

二、对体育公共文化服务供给方式进行创新

对于体育公共服务供给侧改革来说,改革的主要目的是为了加强和完善供给结构,从而让体育公共文化服务更能满足广大人民群众的需求。从本质角度来看,要想实现体育公共服务供给侧的改革,对供给方式不断进行创新是实现改革的重要途径。

始终坚持供给方式的动态性。天津市政府应当根据体育公共文化服务供给的实际需求,初步规划和制定出公共体育文化服务的购买条目,并且对体育公共文化服务的类型、服务的性质、服务的内容有一个较为明确的认知。与此同时,要加强信息传达流程的规范性,构建供给信息传递专门通道,从而实现在第一时间内了解广大人民群众对体育公共文化服务需求的变化,进而根据需求的动态性变化,不断优化与完善体育公共文化服务供给方式,实现天津市体育公共文化服务供给侧改革的不断推进。

采用分类供给方式。由于体育公共文化服务可以分为多种类型,因此要根据体育公共文化服务类型的不同采取不一样的供给方式,即进行分类供给。例如,天津市政府利用法律法规以及相关政策、保障型制度,提供有制度保障的体育公共文化服务,通过委托相关企业、购买等方式由非政府组织向社会提供社会型的体育公共文化服务。

根据参与人群不同,采用分众化体育公共文化服务供给。"全面覆盖、机会平等、稳定持续发展、供给精准到位"是体育公共文化服务供给侧改革的基本原则,因此天津市政府应当在充分了解当地居民对体育公共文化服务需求的基础上,制定多样化的本地区体育发展计划,例如,对健身运动场地的需求、对体育运动项目的需求、对体育运动技巧的需求、对体育运动组织团体的需求等,从而满足当地区居民多样化的体育需求。另外,由于社会是由不同群体所组成的,例如,儿童群体、老年群体、残疾人群体等,不同群体对于体育公共文化服务的需求也有所不同,因此应当按不同人群,采用分众化体育公共文化服务供给。例如,实施创新教育体育部门协同合作机制,在校园内推行体教结合的教学方式,同时进一步优化与完善青少年体育公共文化服务体系,根据青少年身心发育特点以及青少年的实际需求,建立青少年体育活动中心和青少年体育俱乐部,让青少年拥有更多的体育活动项目与体育活动空间;老年人也是社会群体的重要组成部分之一,但由于老年人身体各方面机能下降严重,因此针对老年人群体的体育公共文化服务更应当得到重视,所以应当根据老年人的实际情况,推行体养结合新模式,与此同时优化完善老年人体育公共文化服务体系,积极开展老年人健身活动,让健身活动以及体育文化服务成为老年人群体日常生活的一部分;残疾人群体作为特殊群体,可以说是最为渴望获得体育公共文化服务的一个群体,因此天津市政府应当积极开展助残健身工程,同时根据残疾人群体的特点,向残疾人群体提供以恢复性体育健身为主的体育公共服务,从而让残疾人群体也能够享受到体育公共文化服务,贯彻落实"全面覆盖、机会平等、稳定持续发展、供给精准到位"这一体育公共文化服务供给侧改革的基本原则。

始终坚持精准供给。要想提高体育公共文化服务供给的精准性,首先要做的就是保持公民诉求应答途径的通畅,同时建立合理高效的诉求应答体系,及时回应当地居民各类体育公共文化服务需求,从而及时了解居民需求的变化。如今互联网已经得到了极大的普及和应用,而建立在互联网基础上的大数据也逐渐表现出了其强大的信息收集作用,因此,我们应当充分利用大数据收集信息的优势,精确获知当地居民对体育公共文化服务的需求,从而更为精准地向广大人民群众提供体育公共文化服务。

三、完善体育公共文化服务多元主体协同治理体系

在推行体育公共文化服务供给侧改革的同时,应当理清政府、市场以及社会组织之间的关系,在坚持政府主导的基础上发展多元主体协同治理体系,从而打破天津市体育公共文化服务供给侧改革的局限性,进而形成以政府为主导、社会各界积极参与、市场推动发展的体育公共文化服务供给侧改革新格局。除此之外,还应当推进居民体质调查、定期开展体育相关赛事,探索和建立体育公共文化服务信息数据共享平台,从而实现天津市体育公共文化服务内容和信息资源的共享;进一步完善体育公共文化服务政策,提高政策执行的权威性,政府方面应当认清局部与全局之间的内在联系,不断使体育公共文化服务相关利益趋向于平衡,趋向于健全,与此同时加强对体育公共文化服务的监管力度,从而在根本上完善体育公共文化服务政策,进而推进体育公共文化服务供给侧改革的不断深入。

对于体育公共文化服务来说,各种民间自发的体育公共文化服务组织也会为体育公共文化服务供给侧改革带来重要推力,因此天津市政府应当坚持简政放权,充分发挥市场在资源分配中的作用,同时制定相关政策,对体育公共文化服务民间组织进行扶持,让体育公共文化服务民间组织团体不断壮大,从而使天津市居民享受到的体育公共文化服务种类更加丰富。需要注意的是,民间自发的体育公共文化服务组织不能任其自由发展,需要政府对其进行监管与指导,完善民间自发体育公共文化服务组织的服务内容和服务项目,同时提高组织创立门槛,依法制定相关管理规定,从而提升社会体育公共文化服务组织的整体质量。另外,还应当加对快社会体育指导员的培养,并对社会体育指导员进行定期培训和考核,从而使社会体育指导员更好地在体育公共文化服务社会组织中开展工作,进而促进天津市体育公共文化服务供给侧改革。

第六章　供给侧改革策略分析

本章提要：

从历史改革的经验中分析，以前的需求侧改革存在着需求不足的情况，主要是通过刺激政策来提高总需求，让我国的经济能够快速发展，供给侧改革为我国经济的发展指明了方向，拓宽了经济发展的思路，为我国经济发展提供了强有力的动力，相信这一改革新思路在不久的将来能稳定实现国民经济的增长，能够解放和发展生产力，用改革的办法解决阻碍发展生产力的阻力，调整结构，为生产力的发展创造更好的发展环境，将新兴领域放在重点，通过对经济增长点进行创新和挖掘，在供给的过程中，减少没有效果的供给浪费，加大有效的供给力度。供给的过程是可以灵活多变的，提高我国综合的生产力，增加国民群众的满足感，供给侧改革的重要意义就在于让人们的生活日益变得更美好，提高供给和人们生活的质量，将我国经济进行深入改革是供给侧改革的根本目的。

第一节　理念的转变

供给侧改革完整的说法可以称为"供给侧结构性改革"，在这组词语中，"结构性"三个字十分重要，必须将供给和需求两方面紧密联系在一起，严格审视后再做出科学判断。

一、供给侧理念的提出

新常态下，我国经济运行表现出与以往不同的态势及特点。首先是在需求结构上发生了较为明显的变化。随着国民收入水平的不断提高和中等收入群体的不断扩大，人们对所需产品的品质、产品的质量和功能性的要求越来越高，消费的水平也有了很大的提升，消费的方式向多样化、个性化和高端化发展，消费的过程中对服务的需求更加明显，供给侧的改革导致需求的结构化变得滞后，供给的结果不均衡，缺少高质量的供给，还有就是对新型产品的供给比较少，这样就很难满足人民群众对高品质商品的需求。供需结构错配是当前经济运行中比较突出的问题和矛盾。目前我国现阶段的供给问题主要是还不够多样化、个性化和高端化，在需求和管理方面还没有做到很好的调控，没能够很好地解决总量的问题，这样还很难解决供给和需求间的主要矛盾，更加谈不上在扭转经济的背景下产出的水平下滑趋势，因此需要进一步推进结构性的供给改革，通过改革的方法来调整供需结构需求，尽量避免可以减少不必要的供给，多增加一部分有效果和高效的供给，优化相关配置逐步迈向高水平的供需平衡，大力推行供给侧的结构性改革是我国经济发展在很长的一段时间内积累的一个过程，在长期的积累中结构性的体质性矛盾是环境影响下的必然选择，是我国走进新常态下的必然结果，为我国的经济发展和转型指明了新的方向。

二、供给侧理念的科学内涵

要从五个方面理解什么是供给侧改革：一是供给侧改革，二是结构性改革，三是供给侧结构性改革，四是供给管理，五是供给改革。下面对这五点分别做出解释：供给侧改革就是通过供给侧的方法进行的改革。结构性改革就是通过改革来解决结构出现的问题。供给侧结构性改革是指通过进一步改革解决结构出现的矛盾和问题，其中改革的方法主要就是供给侧。供给管理就是用怎样的方法来管理供给侧。供给政策就是政府通过宏观政策来实现供给侧。供给侧改革是指供给侧结构性改革。供给侧改革和结构改革是供应方面的结构性改革。供给侧改革目的是使供给结构更加灵活，从而适应当代社会的需求。我国当前社会的主要矛盾是人民日益增长的美好生活需求和不平衡不充分的发展之间的矛盾，为了解决这一矛盾,可以通过优化资源配置、提高生产率,并且借助改革的优势,实施"三去一降一补"措施,来满足人民的物质文化需求。想要实现供给侧改革,要注重四个方面:一是强调市场,二是重视效率,三是要有长远的眼光,四是要重视制度。市场在资源配置中起到决定作用,政府要发挥宏观调控的作用,鼓励和支持第三产业的发展,激发人民创业的积极性和自信心,通过供给侧改革激发市场的活力,这就是要强调市场。重视效率就是通过供给侧结构改革,提高生产率水平,拉动市场经济增长,重视全要素生产,从重视投资转向重视效率。有长远的眼光就是要求政府要用发展的眼光看待社会经济的发展,着眼于未来,通过供给侧结构性改革来促进经济的长期发展,而非只解决眼前问题,促进经济可持续发展。最后,注重制度要求政府通过制定相关的管理政策,解决市场经济中存在的一些矛盾,目前的政策有财政政策、货币政策等。供给侧改革强调发挥政策的作用,调节矛盾,促进发展。

第二节　供给侧结构性改革的意义

现阶段我国经济正处在转型的重要关口，实施供给侧结构性改革是适应我国经济发展的重要手段，对我国今后的发展有重大意义。

第一，实施供给侧改革可以充分发挥政府的宏观调控作用，促进经济又好又快发展。政府的宏观调控经过不断地更新和创新，已经形成了完整的体系，为实施供给侧改革提供了条件与支持，平衡了经济的增长与结构的改革，促进经济的稳中求进。另外，传统的市场经济只重视量的提升，而忽视了质的提高，久而久之造成了经济结构失调，导致了经济发展僵化，不利于经济可持续发展，供给侧改革改变了只重视量不重视质的缺点，促进经济可持续发展。因此，供给侧改革的实施有利于提升生产力水平，为经济发展提供动力，促进经济增长和可持续发展。

第二，推进供给侧结构性改革，是实现市场在资源配置中起决定性作用的重大举措。"十三五"规划不仅提出了五大发展理念，更是将供给侧改革作为深化改革的主要路线，将供给侧改革的理念贯穿整个社会发展。供给侧改革就是为整个社会发展服务的。结构改革最重要的部分是市场化改革。政府通过分权，规范市场资源配置，清除障碍，理顺市场和政府之间的关系，消除障碍。创新、协调、绿色、开放、共享这五个方面都面临着供应方面的系统问题很多个人和企业都不敢创新、不会创新，使我国的市场缺乏创新元素，加上传统工业占据主要地位，久而久之导致了我国市场的创新动力低。政府应该制定有利的政策来鼓励市场新兴企业的开发和传统的完善发展，增强市场主体之间的竞争力。

第三，供给侧改革是给人民提供在质量、安全、档次方面的符合消费者需求的有效供给。建立促进有效供给能力，不断提升长效机制。促进有效供给和提高长效机制有机结合起来可以利用去产能、去库存、去杠杆的方法。因为形成有效机制，可以一定程度避免当代经济存在的产量过剩、库存过剩和"僵尸企业"的问题，但是仍然有可能产生新的过剩产能、库存和"僵尸企业"，所以，我们一是要依靠科技创新提高产品技术含量，二是优化结构，三要精细化管理。创新既要从科技方面创新，又要从产业和产品方面创新，促进市场经济创新。注重这三点体系的调整才能为消费者提供安全、高质量的需求。供给侧改革能够提高生产要素带来的短板，比拉动需求更具有说服力和推动力。供给侧对经济增长的推动力主要在于全要素生产率的提高。生产资本和劳动力的投入可以使经济不断增长,但是科技的进步和管理技术以及生产要素的使用率更为经济增长做出了贡献。企业制度和组织结构也为经济增长提供了动力。我国现阶段经济发展遇到了两块短板,一是生产要素配置的短板,二是劳动者的素质和技术还有待提高,通过供给侧改革来形成有效机制,能够矫正生产要素的扭曲,通过建立人才培养机制,培养大量人才,重视劳动素质的提升,建立专业的技术培育机构,提高劳动技术。

第四,供给侧结构性改革能够激发企业的生产活力。通过研究经济学相关的问题,在市场资源配置下决定市场选择的方向,能够激发企业的生产活力,提高生产水平,完善有效激励机制。经济生产的过程中,避免不了产生一些过剩产能,但是这些过剩产能不都是无用的,可以充分利用这些过剩产能,变废为宝,建立激励机制,减少资源的浪费,促进经济长期可持续发展。想要提高生产力水平还应从降低生产成本方面着手,降低成本的方法有很多。第一,当前的市场中存在很多乱收费、多收费的现象,使得企业的生产成本不断增多,政府应该注重这些问题,清除不合理收费现象。第二,形成良好的税收环境,降低企业生产成本,提高生产力。为了帮助"僵尸企业"走出困境,政府应对他们采取减少破产清算的方法,利用企业优势带动发展,使他们重获新生,这样也可以减少处置"僵尸企业"的成本。有些企业存在的问题比较严重,确实无法挽回,政府应该以劳动者的利益为根本,使他们的损失最低化,处置这种企业要合理。

第五,体育公共文化服务领域的供给侧改革与"健康中国"建设密切相关,是我国由体育大国向体育强国转变的重要抓手。提供符合人们日益增长的多元化体育需求的产品,满足人们多元化多层次的体育需求,保证人民的体育利益,是我们进行体育服务领域供给侧改革的强大动力。同时,体育服务领域的供给侧改革亦是体育产业领域深化发展,提升经济发展新动能的重要举措。

第三节 专业人才队伍建设

我国对体育竞技人才的培养基本上都是按照国家的培养模式进行的,把培养体育竞技型人才放在育人的首要位置,科学合理地培养体育竞技人才和文化教育相结合才能使其在比赛中取得比较好的成绩,但是一直以来我国对体育人才的文化教育并没有很重视,运动员每天高强度的训练会占用大部分的时间,因此学习文化课学习的时间就不是那么充足,精力方面也会有些欠缺,这就造成了我国竞技运动员的实际教育水平低于要求,一般运动员的专业生涯是有一定的条件限制的,文化水平会影响运动员在结束运动生涯后的工作发展,增加了运动员转型的难度,另外体育人才的培养经费一般都是由国家来承担的,国家在对我国体育竞技人才培养中耗费了大量的财力、物力、人力。当前对我国体育人才的培养主要是在高校中进行的,虽然我国的高校数量比较多,但这仅仅是数量上的优势,在专业方面的培养中,高校的培养与专业队的培养效果是无法比较的,在高校中主要招收的运动员包括退役的运动员和一些比较有运动天赋的高中生,学生的数量和资源的配备不成正比,在一定程度上限制了高校运动员水平的发展和提高。教练员水平的高低对运动员学习的影响是相当重要的,教练员单单靠经验进行训练是行不通的,教练员需要不断地学习和进步,不断地自我提升和锻炼,跟上现代化的步伐,但目前我国针对教练员的培训制度还不完善,这又是影响我国体育竞技运动员水平提高的一大重要因素。在对运动员的培养中高水平的竞赛比较少,与专业队竞赛数量和竞赛经验相比存在很大的不足,大大限制了高校运动员水平的提高,在体育竞技人才培养中还有很小一部分的竞技人才是由家庭来培养的,这种家庭培养的模式需要很大的投入,这种培养模式并不适合所有的家庭。大量竞技人才的退役安置工作已经成为重要问题。体教融合模式是探索改革体育人才培养的积极尝试,尤其是对专业竞技人才的转型发展,提供了切实有效的发展平台,进而为未来体育公共服务领域的人才培养奠定了良好的基础。

第四节　基础设施建设完善

公共体育场馆是社会体育产业化中重要的部分,但是目前公共体育场与一些发达国家相比还是处于较低的水平。在公共体育资源中,体育场馆是其中的一个重要组成部分,体育场馆是服务体育赛事和体育活动的重要场所,主要的特点是多数功能比较单一,一般情况下规模都比较大,建筑的标准相对较高,但在运营的过程中,收入的来源比较单一,后期需要较高的维修费用,如果不及时维修会影响到体育场馆的继续经营和发展。

第一,针对农村的体育场馆设施资源的供给相应对策,要推进农村体育场馆的均衡发展,要具备城乡共同发展的理念,扩大和增加在农村体育场所的资源供给,要实现城市和乡村的体育场地设施共享,两者之间更好地互补,进一步促进农村体育场地设施的发展,同时又能够推进城市体育场地资源的均衡发展,另外,在建设农村体育场地设施资源的时候要做适应于农民使用的体育场地,深入群众的根部,真正了解群众的需求,最关键的是体育场地的建设要在科学合理的规划下进行,按照农民的喜,好结合农民的需求,当然最重要的是要强化农村体育场地设施的供给多元化,通过多元化的建设资金供给的模式充分发挥政府的职能,明确各方面的职能后并严格履行。

第二,我国中小学体育场地资源供给目前发展并不均衡。应该从政府的投资方面、人均需求的方面和资源协调分配的方面综合设计,可以采取学校自制体育场所建设与管理发展的模式和内外共同发展由政府扶持的模式。青少年体育俱乐部与学校体育的积极融合,为当前针对青少年群体的体育健康服务提供了值得探索的融合路径。

第三,对于不同的城市体育场地资源的供给,要结合不同城市区域的不同,根据各区域不同的优势进行科学合理的规划和布局,实现资源共建共享,政府以及相关规划部门在对体育场馆投资建设时要稍倾向于一些比较老的城区和发展相对比较缓慢的城市,关键是要协调公共体育场馆资源配备不均衡的状态。尤其要在城市规划过程中,以健康、绿色、协调的创新理念将体育公共文化服务纳入重要考量因素。

　　第四,要进一步优化我国大型的竞技性体育赛事所需的场馆资源配置,大型的竞技性体育场馆设施是我国体育场地资源设施的主要标志,在设施和布局上要遵循市场化的需求以及比赛专业要求和可持续发展相结合的原则,并且要结合当地的实际发展需要,要发挥出其能够匹配的职能,最大化地优化体育场地资源配置。尤其是依托赛事而形成的赛事文化、赛事产业,积极谋划赛事开发利用,服务于体育公共文化服务。

第五节　体育公共文化服务载体的丰富

一、借助互联网平台创新服务

加强制定"互联网＋"战略。"互联网＋"战略是我国经济社会发展中的必然趋势,利用互联网将与传统的行业相融合,形成产业融合升级新业态,创造出资源服务的新生态。纵观我国在近些年里互联网经济的发展情况,"互联网＋"已经带来了众多的成功案例,可见互联网行业已经在我国经济发展中占据重要的位置,最典型的是淘宝和京东的网上销售交易,滴滴打车等软件提供了人们日常生活中不可缺少的交通服务,这都体现出互联网服务已经逐步渗透到人们的日常生活中,"互联网＋体育""互联网＋健康"等融合模式也必然将成为当前重要的融合模式。

互联网更加有利于促进公共体育场馆资源配置的优化,通过"互联网＋"来提高公共体育场馆的使用率,优化公共体育场馆的资源配置,这才符合供给侧改革的要求,"互联网＋"的运用在较短的时间里,出现在社会中的各个层面,互联网走进服务类行业是社会发展的积极体现,最关键的是优化了公共体育资源的配置,人们可以通过互联网随时进行访问和咨询,这给人们带来了便利,通过文字引导进行输入,能够尽快得到所需体育场馆的相关信息,促进了体育场馆使用率的提高,进而优化了该地的体育资源的配备现况。

近几年来手机客户端的使用群体越来越多,人们已经习惯了用手机随时查找所需求的体育场馆的位置、收费情况和场馆的概况进行详细了解,然后根据自己所选择的场馆位置在找到合适的练习伙伴。很多体育场馆都在用微信公众号的推广平台,推送有关场馆的各类信息,从而达到宣传场馆的目的,还有公众号还可以查看相关体育比赛的内容并提供购票业务。

在移动互联网的影响下,人们生活的习惯变得实时化,消费更加理性,通过获取的资讯进行社交,并且社交的圈子变得网络化,方便人们随时随地通过应用程序来获取自己所需的资讯和服务,不再受时间和地点的约束,在公共体育场馆的运营管理中充分利用移动客户端多元化的特点,能够最大化地优化公共体育场馆的资源配置目的。

二、利用大数据资源提供公共体育场馆的
　个性化和精准化的服务

增加公共产品和公共服务的供给,已经被列入了我国经济发展的两大引擎中,应当积极创新,盘活体育服务市场要素,激发产业内驱力,这样才能够扭转当下的局面,在大数据的时代背景下,供给的不平衡和效率低是目前存在的主要问题,想实现科学化的社会治理和公共服务,利用好大数据的资源是最好的途径,公共体育场所完全可以依靠大数据进行个性化的精准服务,公共体育场馆的运营应当积极地和相关体育工程科技机构和高校体育研究机构以及医疗机构等进行合作,共同建立健康的大数据库,智能化的穿戴品和装备在广泛应用产生,构建健康的大数据库,使其能够通过在体育领域中的不断探索,融合体育发展和科技的创新,形成智慧体育,丰富了公共体育资源的供给结构。智慧体育的构成促进了健康体育的快速发展。

第六节　加强体育场馆专业人才培养

目前,我国公共体育场馆的发展,还需要学习发达国家比较先进的经验,需要学习发达国家对体育场馆管理人员和教练员的培养体系,体育场馆服务的提高不仅仅是指在数量上的提高,最主要的还是要提高我国公共体育场馆管理人员的专业情况和教练员的供给效率和质量,大力扩展人力资源的供给渠道,规范和完善人力资源的供给。培养出更加专业的工作人员是最主要的任务,提高体育场馆全面的服务和场馆的运营能力,对人力资源的培养要根据场馆类型的不同设定不同的培训计划,经过专业化的培训优化人力资源的工作效率,引导工作人员树立积极科学的工作观,在工作的过程中,根据自己的工作成绩提出合理的工作诉求,对与公共体育场馆的工作人员而言,最基本的保障应该是薪资的待遇和工作环境的情况,给工作人员提供更好的自我提升的空间,让工作人员更好地为场馆的建设和运营进行服务。社会不断发展,全民健身的需求也在提高,专业的教练员的结构也在发生着变化,教练员也需要进行合理的配置,应对教练员专业的能力水平进行清晰的论证,不断对体育场馆的管理员和教练员进行科学的设计,提供优质的资源,实现公共体育场馆资源配置的多元化,对公共体育场馆的人力资源的管理,应结合场馆的实际情况,包括场馆的规模、经营的情况和产品服务的结构情况来完善用人的体系,结合场馆的规模有计划地进行人员的招收,根据岗位的需求招聘专业的人才,工作中要体现出团队合作的精神,要优化团队人员之间的配合,在人力资源方面优化配置,在当前经济文明不断发展过程中,信息化悄无声息地改变着人们的生活,已经成为推动经济发展和社会发展的关键因素,因此可以说信息化能够代替专业化的服务这是人力资源供给发展的必然趋势。

第七节　实现体育公共服务供给主体的多元化

随着近些年来生活水平的提高,健康素养的养成,多元化的体育公共服务越来越被人们认识和接受,在发展的过程中逐渐从比较单一的由政府为主体的主要供给向市场组织或是社会多元化组织发展,但是实际上,中国目前的公共体育服务的供给还是面临着社会化程度比较低的问题,发展速度迟缓,产品竞争力不足,难以满足社会公众多层次和多元化的供给需求。所以为了提高公共体育供给服务的水平,加强扩大面向社会公众服务的选择空间,改变单一供给的局面,打造由政府、市场和社会三位一体的供给模式,在相互支撑相互协调下,形成共治共享共发展的协同关系。

一、"中间状态"产品的多方主体选择

在公共体育产品的供给过程中,特别容易出现中间状态的产品,也可以称之为存在于公共体育服务类产品和私人的体育用品之间的公共体育产品或者说是混合产品,一般像体育场所的建设和维护,制定一些相关的法律法规都是需要政府进行供给的主要内容,对于一些标准的、基础的公共产品,是需要政府和第三部门对公众的需求进行供给。所以从科学的分类基础上考虑,应当属于主体的是由市场和第三部门进行提供的服务,前提是先具有灵活多样的供给方式才能实现公共体育服务的多元化主体。

二、完善公私合作协同模式

随着人们对体育服务需求的升级以及体育产业的蓬勃发展,特别是在近几十年里,各地已经开始了一系列的举措,通过多种方式包括合同外包或是特许经营等方式进行公私合作,慢慢将公共服务中的生产和提供两项分开。在我国公共体育的服务领域中,在对公共产品的提供方面一直缺乏主动参与的动力,但是不影响市场主体的供给服务,在体育设施中,尤其是规模比较大的体育场馆基本上都是通过

公共部门和私人合作来完成供给的,具体情况就是需要私人参与投资,与合作部门一同来承担风险,双方都能够得到相应的收益,并且根据具体的收益情况,来收取一定的经营许可费或是一定数量的补偿资金,然后由政府负责协调利润的分配和公益之间的关系,借助有效的监管机制来保障项目的顺利开展,这样既能够有效利用市场的竞争机制巧妙地避免垄断的出现,同时还能够吸引有投资意向的民间资本的投入来填补政府资金方面的不足,体现出市场机制的优势,通过合作双方的共同合作,相互之间的互补来提高体育设施的服务质量。

三、增强第三方的参与

要促进社会主体的自觉性和主动性需要多种社会组织的独立存在,构建相互制约能够和谐共处的社会控制体系。相关研究表明,政府直接管理和限制的越多,越会影响第三方的发挥,长久下来第三方的发展空间会变得越来越小,在以政府为主要指导的公共体育资源供给的局势下,第三方的发挥会受到影响,因此为了避免这一情况的发生,理顺好政府和第三方之间的关系至关重要,首先应当壮大公共体育教练员的队伍,为公共体育筹得更多的活动资金,为全民健身活动做更好的宣传和推广,这一系列的工作可以交由第三方,在资金和政策方面政府要给予第三方支持,并且要建立健全相关有效的监督机制,使其得到更好的发展,这种合作的关系需要建立在合作的基础上,在供给服务的过程中,政府的职责不应当仅仅是领导,更应当充分发挥政府引导的职能,将有限的政府职能把更多的注意力放在基本公共体育服务方面,协助将第三方的供给能力发挥出最高的潜力,提高第三方供给的积极性,从而提高供给的效率。

四、实现体育公共服务供给运行机制的多元化

(一)供给的决策机制要多元化

供给的选择理论产生于 20 世纪的 60 年代,该理论主要论述了政府的一些决策性的行为以及社会公众的选择这两者之间的关系,这是由个人行为向集体行为转变的一个过程,在我国公共体育资源所面临的困境主要是供需的信息不一致的问题,社会公众的利益需求和提供服务的质量和效率之间存在一定的矛盾,这在公

共机制的决策中按照需求偏好的机制显得特别的重要。因此可以说在我国公共体育相关的决策过程中,要保障群众参与监督的整个过程,要让人民群众表达出自己的态度和自身的需求,体现出公共监督部门的职能和有效的执行行为,预防权力寻租和盲目实施行为的发生,但是受传统的影响上行下效的情况经常会出现,这让人民群众产生了被动依赖的不良心理,群众对于公共体育服务参与积极性不高且参与动力不足,目前我国的人口数量较多,这种情况下,民间的一些社会体育团体和一些非营利的组织完全可以作为这个中介,为使社会公众能够受益的体育类产品服务更加方便建言献策,为公共体育资源的顺利实施提供更加准确可靠的信息,这在一定程度上能够缓解供需不对称的矛盾现状。

(二)体育公共资源的融资方式要多元化

在宏观背景调控下,只依靠政府的财政拨款为公共体育服务提供资金支持是很有限的,且往往会导致公共产品供应不足、供应失衡的主要原因。为了更好地缓解政府的资金压力,可以寻找多种融资渠道,形成政府进行拨款、市场介入和社会筹集资金注入的多种融资方式是十分有必要的,从政府的角度去分析,政府资金支持应该由一直以来的财政直接拨款向政府购买服务和间接补贴的方式逐渐过渡,形成一个良好的政策环境体系,通过一些政策上的激励来调动社会主体的积极性,另外还有一点,政府部门应当提高自身的创收水平,主动开发具有特点的体育资源项目,例如,开发些旅游性质的体育市场,这样有助于体育事业的更好发展。

从市场的角度分析,要吸引更多资金的赞助和投资需要充分调动资本市场的因素来活跃有能力的企业,像一些体育场馆和学校的一些运动场地设施,完全可以利用冠名的方式去吸引一些企业或者是个人资金的投入,这种方式既能够体现企业和个人的自我价值,能够体现企业和个人的公益性同时又能够满足人们对体育方面的需求。多吸取社会各方面的多渠道的资金支持,可以更好地满足公共体育服务供给的资金需求。

(三)采取多中心的监督机制

采用多中心的监督机制不仅有利于保障公共体育的产品服务和提供的服务质量,还有利于引导各个主体之间有次序地展开竞争,让参与的人群变得积极性更高,进而为提供高质量的公共体育服务做好充分的准备。首先需要做的是要加快决策的速度以及透明度,要有明确的权责分工,进一步完善责任的追究制度,才能够确保公共体育资源实施的顺利进展,还有财务制度方面也需要明确,要有明确的目标知情权,这样就能有效避免低效寻租的不良行为的发生,同时要对具有特许经营的个体企业加大行政监督的力度,坚决控制滥用市场权利的行为发生,另外还要对能够提供公共体育服务的第三方加强监督和管理,要防止供给公共体育资源在服务的过程中出现滥用社会权力的情况发生,要向社会公众普及关于公共体育相关服务的一些内容,培养人们主人翁的精神和监督意识。

第八节　政府、社会及市场等多元主体联合驱动供给

目前,我国正面临体育服务多元化的发展趋势,在这个过程中,产业升级和一些企业型和志愿型服务模式受到一定程度的限制。实际上,人民群众的公共体育服务有一定的规律性,在人民的需求导向和公共体育服务的客观要求的影响下,应当不断完善公共体育服务的模式,特别是在我国,我国的土地广阔,人口众多,东西部、南部、北部等地域之间有明显的差异性,城市与城市之间,乡镇与乡镇之间会有大大小小的差异存在,因此公共体育的服务的提供方式也会存在不同的模式,我们应当对公共体育服务的供给主体的选择上尽量选择多元化、多层次的组合模式,并不能仅仅只强调政府的主导地位,市场、协会、非营利组织和社会志愿者等多元主体主动参与加入才会更加符合中国目前的现实需求,这在我国的体育公共服务中应当是最合理的路径,能更有效地满足群众对于体育服务的需求,这需要政府破除困难,由政府出面引导社会中的积极力量参与公共体育的服务。第一步,要完善社会组织的进退制度,一定要明确准入的条件,制定相应的审核制度和程序,要对社会中参与公共体育服务的负面因素进行单独管理。第二步,加强社会组织的支持,在资金上和政策上都要有所保证,加大社会的支持及力度,在具体过程中体现支持的方式和方法,放宽对公共体育的信用和审计条件,增强社会力量参与公共体育服务的筹款的能力。以公平公正的理念强调治理对话的价值平衡,推进公共体育服务的深入改革,关键是要认识到传统模式在当前阶段的局限性,而不是仅仅满足现实生活的需求,要从公共价值理论的角度进行分析,需要通过主体之间的互动来为公众提供说明,要提高对社会形势的快速反应,这不仅仅是考虑的公众方面的关注,还要对人们喜好的掌握。要建立政府、群众和社会可以参与的网络化治理模式,探索最新的合作关系,统一供求主体手段和目的,形成多层次、多角度的供应体系,要通过舆论平台对竞技体育赛事和非竞技体育赛事的相关活动进行统计和调查,并进行规划,通过制度化数据的分析模式,有计划地规划整体格局,使公众更好地了解公共体育服务的具体情况。

政府部门作为主要的负责部门,应当制定体育公共服务供给服务改革发展的相关政策法律和法规,为社会组织和市场供给的主体提供相应的保障政策,另外,

将公共体育服务供给体系提供于中小型的组织和企业中,政府部门有必要提供一定的财政支持,以有效改善公共体育用品市场中供应主体之间的竞争,并有效提高中国体育公共产品的整体水平和质量,政府应采用直接和间接供应模式,以确保公共体育服务供应的稳定和平衡。保障政府在公共体育服务方面的主导作用和掌控的能力,在对中小型企业和组织的扶持过程中有效防止供给主体之间的不良竞争,规范市场秩序,引导合理竞争,维护市场健康发展。

第九节　促进体育公共服务资源配置的均等化

体育公共服务资源的分配是体育公共服务均等化的重要实现路径,从另一个角度看,这也是现行体育公共服务相关政策的必然结果。从经济学的角度来看,要实现对优质资源的公共分配,政府必须从群众的角度看待这个问题,以人民需求为中心,来逐步完善体育公共基础设施的建设,改善和优化与体育公共有关的产品的服务,利用市场经济实现公共体育的产业化,并实现资源分配的均衡体系,作为一项公共体育服务的基本保障,满足不同群体人民群众的健身需求是重要条件,公共体育服务基本可以分为两个部分:一种是满足公共体育服务的基本需求,另一种是满足不同层次的体育需求服。这两种公共体育服务的产品特征有明显的不同,公共体育服务的资源主要依靠政府的投入,选择性服务用于调节市场需求,在过去的管理中,国家更加重视竞技体育产业的发展,所以在公共体育服务上的投资相对较小,导致公共体育服务的资源分配不平衡,因此,有必要调整的方式分配公共体育资源。当前,人们对于公共体育的需求实际上与人们的生活水平有密不可分的关系,当体育信息、体育指导和与体育有关的服务的信息变得更加精益时,人们对提供的服务的要求将会更高,对帮助身体增强的体育需求也会越来越大,人们在满足最基本的需求后,才能有足够的动力去开始关注健康,无论他们处于什么年龄,人们都有权利去追求健康,这也是发展全民运动的基础,因此,公共体育服务应向均等化的方向发展,体育部门和体育相关人员应密切合作。目前我国体育管理方面的工作人员在公共体育服务的能力上还不够强,在体育管理体制上,政府应从供给的角度出发,加大改革力度,结合时代需要,完善体育人才队伍建设。扩大并完善体育基础服务的设施,促使城市之间公共体育服务的均衡发展,制定合理的社会体育政策法规,在贯彻执行《中华人民共和国体育法》《全民健身计划(2016—2020年)》等国家有关政策法规的基础上,结合不同地区的实际情况,明确服务工作的具体任务,落实责任法制化,明确各部门和人员的具体任务,明确各部门的职责并落实到位。

当前体育公共服务领域存在的不均衡是其最为突出的制约发展因素,主要体现在体育公共资源的存量上,其受社会发展重点和发展阶段影响,尤其是全民健身领域、农村体育资源领域极为不足;另外,体育公共资源的分配,即城乡、东西部和南北部、冬季资源等领域,属于二元结构。因此要想改变当下的局面,第一,要先落实体育公共资源的配置,从制度上,对资源的生产和分配以及可持续发展提供政策保障;第二,提升资源治理能力和治理体系的现代化水平,保证体育公共文化服务资源的可持续绿色协调发展;第三,以新发展理念为指导,以满足人民多元需求为目标,开展供给侧改革,创新产品,丰富形式,尤其关注弱势群体,提高供给水平,改变供给方式,实现供给的多元化发展,优化公共体育服务的配置,提高体育公共资源的利用效率。

第十节　优化公共体育服务的管理制度体系

市场机制的引入是优化公共体育服务管理体系的途径之一,亦是提升当前公共服务领域治理能力和治理体系现代化的必然道路。提高居民对公共体育服务的满意度,确保公共服务产品的质量合格,有效实现对现有的公共体育资源的优化配置和协调,拓展对体育服务的需求多样性满足的途径,刺激公共体育服务的消费,扩大体育服务价值实现,以体育服务为核心,改革创新现有的体育模式,树立以人为本的服务理念。

无论是政府部门还是体育服务提供商,都应建立服务目标,为不同的客户群体进行分类指导,以满足不同层次公民对公共体育服务的需求,政府从机构层面完善公共体育服务方式,为公共体育服务提供制度保障,加强公共体育信息的交流和共享,及时评估和反馈体育服务,促进体育服务经营者提供优质的体育服务。

增加资源投入和政策倾斜只是优化公共服务的小部分,主要是通过改善资源分配的方式,以新发展理念为引领,在此基础上进一步提高公共体育服务的利用效率,尤其是公共管理体系的协调在市场经济体制下和谐统一,重视社会资源与公共服务的融合,社会管理者和体育服务提供者需要评估市场需求,遵循市场经济规律,重视过程控制,不断升华,并在体育经营者的基础上进行创新,使人们能够选择多样化体育服务,根据体育服务市场的表现,政府决策机构将引领社会潮流,鼓励全民运动,开展积极乐观的体育运动,扩大对体育服务的需求。在当前市场条件下,将非市场机制与市场机制相结合,建立将学校、社区与市场资源有机结合的体育服务模式,在现有基础上,扩大公共体育服务方式,结合当地体育特色,吸收国外先进的经验,促进专业运动队的管理,最大限度地利用了大学运动队和社会体育资源,促进了地方体育的建设,带动体育经济的更好发展,并发挥公共体育职能的最大优势。

建立城市居民公共体育服务的公众参与和政策保障机制,加大社会资金的投入及完善政府政策的支持,从而使公共体育服务效率达到最佳状态,不能仅靠单一的供给方式,必须采取多元的供给方式,各供给主体之间是存在一定联系的,绝不是独立存在的。目前,公众体育服务方面的缺失,导致其满足不了现有的公众需求,主要原因是市场和社会组织等供应机构缺乏安全保障,因此,政府在制定政策的前提下，需要以多种渠道、多种方法和多种方式吸引社会资本参与社会体育服务，为体育经营者提供政策和资金援助，使用各种方式来扩大经营者的知名度，吸引更多公众关注体育服务，并促进体育服务的消费。

此外，一些地方政府在管理公共体育服务体系方面采取了各种形式的激励和支持措施，包括行政手段、志愿服务以及与政府签订供应合同，以解决其他供应机构的后顾之忧，以市场和自助服务进行调节，形成多种公共体育服务供给共存的局面。不同体育服务经营者想要生存必须改善体育服务，形成了多元化的体育服务供给，并在服务理念、服务模式和服务方法上进行创新，以满足体育服务消费者的需求，并在整个地区促进体育服务的升级。

公共体育服务标准想要得到很好的实施，制定要求是必不可少的环节，制度只是实施过程的有效准则，还需要监管部门进行有效监管，这样就能使城市公共体育服务得到良好的实施。公共体育服务的实施是复杂，将涉及多个部门想要联合实施、多个部门的人员的协调和参与，以共同开展合作实施。与公共体育服务的实施一样，系统化是项目顺利实施的有效保证，系统化必须坚持最大化利益，优化程序，主要目标是公共体育服务健康发展。

在公共体育服务的实施过程中，群众参与是公共体育服务发展起的重要因素，在供给与监督方面，群众参与的机会并不多，在公共体育服务的政策制定和实际绩效评估方面，也非常缺乏群众参与，可以看出，群众被动接受，会影响公众的整体热情，公共体育服务要走可持续发展之路，需要以社会需求为服务重点，有针对性地改善公共体育服务条件，引领高质量社会体育服务发展趋势。

建立公共服务供给监督机制，满足人民群众的需求，建立"自上而下"与"自下而上"的监督机制。扩大人民参与供应决策的范围，同时规范政府行为，加强对公共服务决策的监督，确保合理有效地利用公共资源。进一步完善"一事一议"制度，促进群众的自我管理和服务目标，确保公共体育服务设施的供应决策能够真正满足人民的需求。应建立清晰的公共体育服务设施产权制度，使供给主体和供给方式的多元化，将社会资本纳入公共服务设施供给体系，将成为未来的发展趋势，社会资本的持续投资是在一定的利益回报的基础上进行的，明确划分产权，鼓励社会资本、民间组织积极参与到公共体育服务设施的供给中，减轻政府的负担，保护投资者利益，激励更多投资者参与公共体育文化服务设施的供应，提升投资和管理的热情。应紧密结合"健康中国"战略实施，对幼儿体育、健康养老、体医融合等朝阳产业重点扶持，激发产业发展内驱力，促进产业升级。

参 考 文 献

[1]李军鹏.公共服务型政府[M].北京:北京大学出版社,2004,3(24):5—7.

[2]杨宏山.论政府在公共服务领域的底线责任[J].学习与实践,2007,8(5):8—10.

[3]马庆钰.关于"公共服务"的解读[J].中国行政管理,2005,8(2):7—10.

[4]陈波,胡小红.我国区域公共文化服务体系的实践模式及发展趋势[J].江汉大学学报(人文科学版),2010,29(03):8—11.

[5]陈坚良.和谐社会视野下公共文化服务体系的构建[J].学术论坛,2007,8(11):3—6.

[6]陈雪薇.论国内主要矛盾与共和国发展和曲折[J].党校论坛,1989,8(10):7—9.

[7]齐卫平,赵雷.中共八大关于社会主要矛盾结论的认识分歧及其后果[J].河南师范大学学报(哲学社会科学版),2001,7(04):23—25.

[8]杨建伟.毛泽东社会主义观的迷误及其对社会主要矛盾判断的影响[J].岭南学刊,2002,7(03):6—9.

[9]陈立旭.毛泽东八大前后对社会主义社会主要矛盾问题的认识轨迹[J].山西师大学报(社会科学版),1997,8(01):8—10.

[10]供给侧改革[M].中国文史出版社,吴敬琏,2016.

[11]中国民生发展报告[M].北京大学出版社,谢宇,2014.

[12]1844年经济学哲学手稿[M].人民出版社,中共中央马克思恩格斯列宁斯大林著作编译局,2013.

[13]社会学理论的结构[M].华夏出版社,(美)乔纳森·特纳(JonathanH. Turner)著,2001.

[14]三中全会以来重要文献选编[M].人民出版社,中共中央文献研究室编,1982.

[15]社会主义初级阶段社会矛盾研究[M].白山出版社,潘光宇等著,2000.

[16]社会冲突的功能[M].华夏出版社,(美)科塞(Coser, A.)著,1989.

[17]十七大以来重要文献选编[M].中央文献出版社,中共中央文献研究室,2009.

[18]中国改革开放的酝酿与起步[M].方志出版社,李正华,2007.

[19]政治学基础[M].北京大学出版社,王浦劬等著,2006.

[20]矛盾问题新探[M].河北人民出版社,王永祥著,2005.

[21]关于矛盾的研究[M].华东师范大学出版社,J.皮亚杰(Jean Piaget)著,2005.

[22]社会冲突与阶级意识[M].社会科学文献出版社,李培林等著,2005.

[23]社会矛盾与近代中国[M].山东教育出版社,刘培平著,2000.

[24]若干重大决策与事件的回顾[M].中共中央党校出版社,薄一波著,1993.

[25]十六大以来重要文献选编[M].中央文献出版社,中共中央文献研究室编,2006.

[26]社会学概论新修[M].中国人民大学出版社,郑杭生主编,2003.

[27]社会心理学[M].中国人民大学出版社,沙莲香主编,2002.

[28]当代中国社会阶层研究报告[M].社会科学文献出版社,陆学艺主编,2002.

[29]单向度的人[M].上海译文出版社,(美)马尔库塞(Marcuse, H.)著,1989.

[30]刘晓论.城市社区公共文化服务供给问题研究[D].河南:河南大学,2017.

[31]陈德旭.社会治理视域下我国农村公共体育服务体系建设与运行研究[D].上海:上海体育学院,2017.

[32]张苏秋,王夏歌.经济视野下体育产业平台化与基层公共文化服务供给侧改革[J].深圳:文化产业研究,2017(02):103－112.

[33]王亚.西安市农村乡镇综合文化站体育服务研究[D].西安:西安体育学院,2016.

[34]朱珈萱.乡镇文体站体育公共服务职能履行情况的调查分析[D].湖北:华中师范大学,2016.

[35]周孟婕.云南省楚雄彝族自治州居民公共文化服务满意度及需求的相关

研究[D].重庆:重庆大学,2016.

[36]胡未宁.广州市政府购买公共体育服的研究[D].广州:广州大学,2016.

[37]王贺.全民健身战略背景下公共体育场馆提供公共服务的对策研究[D].南京:南京体育学院,2015.

[38]李淑芳.交易费用、预算国家与中国预算管理体制改革研究[D].湖北:华中师范大学,2015.

[39]张茂林.武术公共服务供给机制研究[A].中国体育科学学会(ChinaSport Science Society):中国体育科学学会,2011:2.

[40]程小旭.村庄规划应因地制宜[N].北京:中国经济时报,2013-02-28(002).

[41]汤际澜.我国基本公共体育服务均等化研究[D].苏州:苏州大学,2011.

[42]鄂晶.公共文化服务体系构建的现状与保障[A].四川:文化研究论坛,2011:3.

[43]吴予敏.妥善处理建设城市公共文化服务体系的四对矛盾[N].北京:中国社会科学报,2016-08-02(004).

[44]社会冲突与阶级意识[M].社会科学文献出版社,李培林等著,2005.

[45]社会矛盾与近代中国[M].山东教育出版社,刘培平著,2000.

[46]供给侧改革[M].中信出版社,贾康,2016.

[47]坚定不移沿着中国特色社会主义道路前进,为全面建成小康社会而奋斗[M].人民出版社,胡锦涛,2012.

[48]伍绍祖.中华人民共和国体育史[M].北京:中国书籍出版社1999:17.

[49]国家体育总局体育社会科学,软科学研究项目[P].建国以来全运会报纸报道研究,2007.9:18.

[50]中华人民共和国第四届运动会资料[M].北京:人民体育出版社,1980:21-22.

[51]第四届全运会具有鲜明的时代特点[N].体育报,1978-9-5:第一版

[52]五届政协以来我国体育取得重大成就[N].体育报,1983-7-1:第2版

[53]评论员.第五届全运会进一步推动我国体育事业发展[N].体育报,1983-9-9:第1版.

[54]熊晓正,钟秉坤.新中国体育60年[M].北京:北京体育大学出版社,2010:176.

[55]易剑东.全运会的商业化—产业化—市场化之路[J].环球体育市场,2009,2:30-31.

[56]田玉普.近三届全运会市场营销研究[J].体育文化导刊,2008.8:6—11.

[57]龚学平.第一期全国体育产业高级研究班上的讲话[R].2009—3—25.

[58]张良.八运会从8000万到60亿的金钱魔术[J].南风窗,1998(1).

[59]何权关于十运会筹备工作情况的汇报[J].体育工作情况,2005(5):5—10.

[60]纪利娟.第十届全运会赛事的市场开发[J].体育学刊,2007(2).

[61]陈培德.对提高我国竞技体育发展的效益和效率的若干思考[J].浙江体育科学,2001:3.

[62]王守恒.全国运动会发展战略的理性思考[J].首都体育学院学报,2007(19)5:1—3.

[63]国家体育局主办.国外参加体育锻炼调查有关情况汇总[J].2009—1.

[64]曲涛.从关注竞技体育到关怀全民体育[N].中国体育报,2009—10—25.

[65]易剑东.我国体育体制转型的四个关键问题[J].体育学刊,2006,9:11.

[66]部国华.让全运会文化氛围更加厚重[N].中国体育报,2009—10—19:第6版.

[67]程祥国,李志.独立的第三方进行政策评估的特征、动因及对策[J].行政论坛,2006(2):51—52.

[68]萨瓦斯.民营化与公司部门的伙伴关系[M].北京:中国人民大学出版社,2002:67—90.

[69]菲利普·科特勒(Philip Kotler),南希·李(Nancy Lee).公共服务:提升绩效之路[M].北京:电子工业出版社,2015:202—220.

[70]戴维·奥斯本,特德·盖布勒,周敦仁等译.改革政府:企业家精神如何改革着公共部门[M].上海:上海译文出版社,2006:43—45.

[71]珍妮特·V·登哈特(Janet V. Denhardt),罗伯特·B·登哈特(Robert B. Denhardt).新公共服务——服务,而不是掌舵[M].北京:中国人民大学出版社,2010:49—50.

[72]单菁菁.社区情感与社区建设[M].北京:社会科学文献出版社,2005:18—19.

[73]徐永祥.社区发展论[M].上海:华东理工大学出版社,2000:31—33.

[74]邱梦华,秦莉,李晗,孙莉莉.城市社区治理[M].北京:清华大学出版社,2013:5—9.

[75]窦泽秀.社区行政——社区发展的公共行政学观点[M].山东:山东人民出版社,2003:17—19.

[76]曹爱军,杨平.公共文化服务的理论与实践[M].北京:科学出版社,2011:25—26.

[77]董礼胜.中国公共物品供给[M].北京:中国社会出版社,2007:10—11.

[78]刘玉珠,柳士法.文化市场学——中国当代文化市场的理论与实践[M].上海:上海文艺出版社,2002:7—10.

[79]巫志南.社区公共文化服务[M].北京:北京师范大学出版社,2012:35—39.

[80]陈伟东.社区自治——自组织网络与制度设置[M].北京:中国社会科学出版社,2004:180—181.

[81]尹冬华.中国地方治理现状——从管理到治理[M].北京:中央编译出版社,2006:5—7.

[82]孙柏瑛,杜英歌.地方治理中的有序公民参与[M].北京:中国人民大学出版社,2013:248—249.

[83]李军鹏.公共服务型政府[M].北京:北京大学出版社,2004:24—26.

[84]毛少莹.公共文化服务概论[M].北京:北京师范大学出版社,2014:311—312.

[85]王名.社会组织与社会治理[M].北京:社会科学文献出版社,2014:7—9.

[86]刘新成,张永新,张旭.中国公共文化服务发展报告(2014—2015)[M].北京:社会科学文献出版社,2015:8—9.

[87]靳永翥.公共服务提供机制——以欠发达农村地区为研究对象[M].北京:社会科学文献出版社,2009:1—3.

[88]叶响裙.公共服务:多元主体供给[M].北京:社会科学文献出版社,2014:5—9.

[89]林国良,周克平.当代文化行政学[M].上海:上海大学出版社,2002:11—14.

[90]胡惠林.文化政策学[M].上海:上海文艺出版社,2003:15—17.

[91]俞可平.民主与陀螺[M].北京:北京大学出版社,2006:24—26.

[92]郑晓燕.中国公共服务供给主体多元发展研究[M].上海:上海人民出版社,2012:17—19.

[93]王仲尧.文化市场与管理[M].哈尔滨:黑龙江人民出版社,2002:20—21.

[94]付春华.政府推进社区多元共治的体系与过程[M].北京:中国政法大学出版社,2015:1—9.

[95]供给侧改革[M].商务印书馆,贾康,2016:21.

[96]供给侧改革[M].清华大学出版社,刘志迎,2016:19.

[97]城市公共服务体制[M].中国财政经济出版社,冯云廷,2004:56.

[98]公共档案服务体系建设研究[M].大象出版社,邵荔,2016:32.

[99]新形势下档案事业的全面深化改革[M].中国文史出版社,中国档案学会,2015:15.

[100]新媒体环境下的档案信息服务[M].上海世界图书出版公司,赵屹,2015:51.

[101]中外公共服务体制比较[M].国家行政学院出版社,孙晓莉,2007:10.

[102]制度变迁的路径分析[M].经济科学出版社,李军林著,2002:19.

[103]丰裕社会[M].上海人民出版社,(美)加耳布雷思,J.K.著,1965:52.

[104]马克思恩格斯全集[M].人民出版社,[德]马克思,[德]恩格斯著,1965:18.

[105]马克思恩格斯全集[M].人民出版社,马克思,恩格斯著,1962:48.

[106]亚当·斯密关于法律、警察、岁入及军备的演讲[M].商务印书馆,(英)坎南,1962:42.

[107]德意志意识形态[M].人民出版社,马克思,恩格斯著,1961:49.

[108]马克思恩格斯全集[M].人民出版社,马克思,恩格斯著,1959:56.

[109]物价与生产[M].上海人民出版社,(英)海约克(A.Hayek)著,1958:39.

[110]公共服务学[M].国家行政学院出版社,李军鹏,2007:42.

[111]新公共服务[M].中国人民大学出版社,(美)登哈特,2010:12.

[112]公共服务中的伙伴[M].商务印书馆,(美)萨拉豪,2008:32.

[113]我国公共体育场馆建设与布局的经济学分析[M].东北财经大学出版社,崔瑞华,2016:78.

[114]体育产业经济学[M].高等教育出版社,吴超林,杨晓生主编,2004:11.

推荐阅读书目

[1]供给侧改革引领"十三五"[M].中信出版社,吴敬琏,2016:10.

[2]消费需求与产业升级[M].南开大学出版社,胡秋阳,2013:16.

[3]马克思主义社会发展理论研究[M].北京师范大学出版社,丰子义,2012:22.

[4]高级现代政治经济学[M].上海财经大学出版社,程恩富,2012:56.

[5]马克思主义基本原理概论[M].高等教育出版社,《马克思主义基本原理概论》编写组,2010:69.

[6]立法者的科学[M].浙江大学出版社,(英)哈孔森,2010:12.

[7]货币通论[M].人民日报出版社,董丽娟等,2009:65.

[8]西方经济学[M].中国人民大学出版社,高鸿业主编,2004:19.

[9]马克思恩格斯全集[M].人民出版社,(德)马克思,(德)恩格斯著,2003:46.

[10]经济增长方式研究[M].江苏人民出版社,田春生,李涛主编,2002:89.

[11]经济增长的阶段[M].中国社会科学出版社,(美)W.W.罗斯托(W.W. Rostow)著,2001:56.

[12]毛泽东选集[M].人民出版社,毛泽东著,1991:49.

[13]财富与贫困[M].上海译文出版社,[美]吉尔德著,1985:56.

[14]马克思恩格斯全集[M].人民出版社,马克思,恩格斯著,1982:28.

[15]1844年经济学—哲学手稿[M].人民出版社,马克思著,1979:29.

[16]资本论[M].人民出版社,马克思著,1975:35.

[17]国民财富的性质和原因的研究[M].商务印书馆,(英)A.斯密著,1972:46.

[18]马克思恩格斯选集[M].人民出版社,马克思,恩格斯著,1972:61.

[19]国民财富的性质和原因的研究[M].商务印书馆,亚当·斯密,1972:52.

[20]《政治经济学批判》序言、导言[M].人民出版社,马克思著,1971:11.

[21](美)登哈特,新公共服务[M].中国人民大学出版社,2010.

[22](美)萨拉豪,公共服务中的伙伴[M].商务印书馆,2008.

[23]戴健,公共体育服务体系建设[M].上海交通大学出版社,2015.

[24](法)莱昂·狄骥(Leon Duguit)著,法律与国家[M].辽海出版社,1999.

[25]社会学概论新修[M].中国人民大学出版社,郑杭生主编,2003.

[26]当代中国社会阶层研究报告[M].社会科学文献出版社,陆学艺主编,2002.

[27]程小旭.村庄规划应因地制宜[N].北京:中国经济时报,2013—02—28(002).

[28]鄂晶.公共文化服务体系构建的现状与保障[A].四川:文化研究论坛,2011:3.

[29]吴予敏.妥善处理建设城市公共文化服务体系的四对矛盾[N].北京:中国社会科学报,2016—08—02(004).

[30]社会学理论的结构[M].华夏出版社,(美)乔纳森·特纳(Jonathan H. Turner)著,2001.

[31]中国改革开放的酝酿与起步[M].方志出版社,李正华,2007.

[32]关于矛盾的研究[M].华东师范大学出版社,J.皮亚杰(Jean Piaget)著,2005.

[33]社会冲突与阶级意识[M].社会科学文献出版社,李培林等著,2005.

[34]社会矛盾与近代中国[M].山东教育出版社,刘培平著,2000.

[35]供给侧改革[M].中信出版社,贾康,2016.

[36]坚定不移沿着中国特色社会主义道路前进,为全面建成小康社会而奋斗[M].人民出版社,胡锦涛,2012.

[37]中国辩证法[M].中国人民大学出版社,(美)田辰山,2008.

[38]社会学理论的结构[M].华夏出版社,(美)特纳,2006.

[39]斗争的动力[M].译林出版社,(美)麦克亚当(Macadam),2006.

[40]体育供给侧改革[M].国泰君安证券,陈筱,2006.

[41]供给侧改革:新供给简明读本[M].中信出版社,贾康等著,2015.

[42]坚持以供给侧结构性改革为主线[M].中国言实出版社,林兆木,2019.

[43]供给侧结构性改革与政府职能转变问题研究[M].上海社会科学院出版社,彭辉,2018.

[44]供给侧改革引领"十三五"[M].中信出版社,吴敬琏 2016.